Introdução

Bem-vindo ao Mundo da Imaginação:
Um Mundo Diversificado Livro de colorir

Este livro de colorir foi criado especialmente para você, que ama explorar a criatividade e relaxar por meio das cores. Aqui, você encontrará uma coleção única de ilustrações que vão desde retratos encantadores de pessoas até paisagens serenas de praia e o fascinante mundo subaquático.

Cada página deste livro é um convite para uma nova aventura. Você pode viajar para cenários exóticos como praias de areia branca com águas cristalinas ou mergulhar nas profundezas do oceano, descobrindo criaturas marinhas impressionantes. Se preferir, você pode dar vida a rostos expressivos e se conectar com a beleza da diversidade humana.

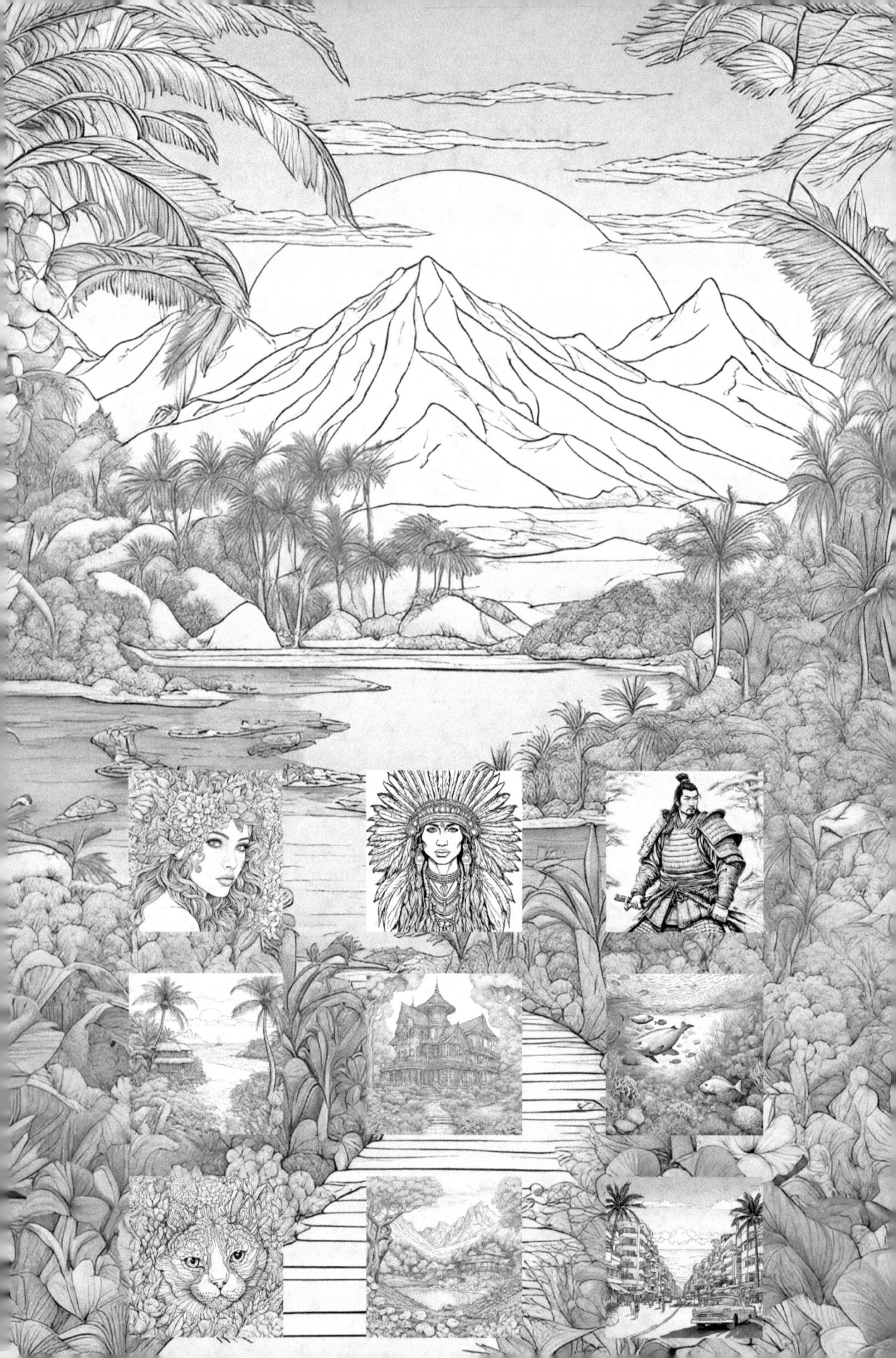

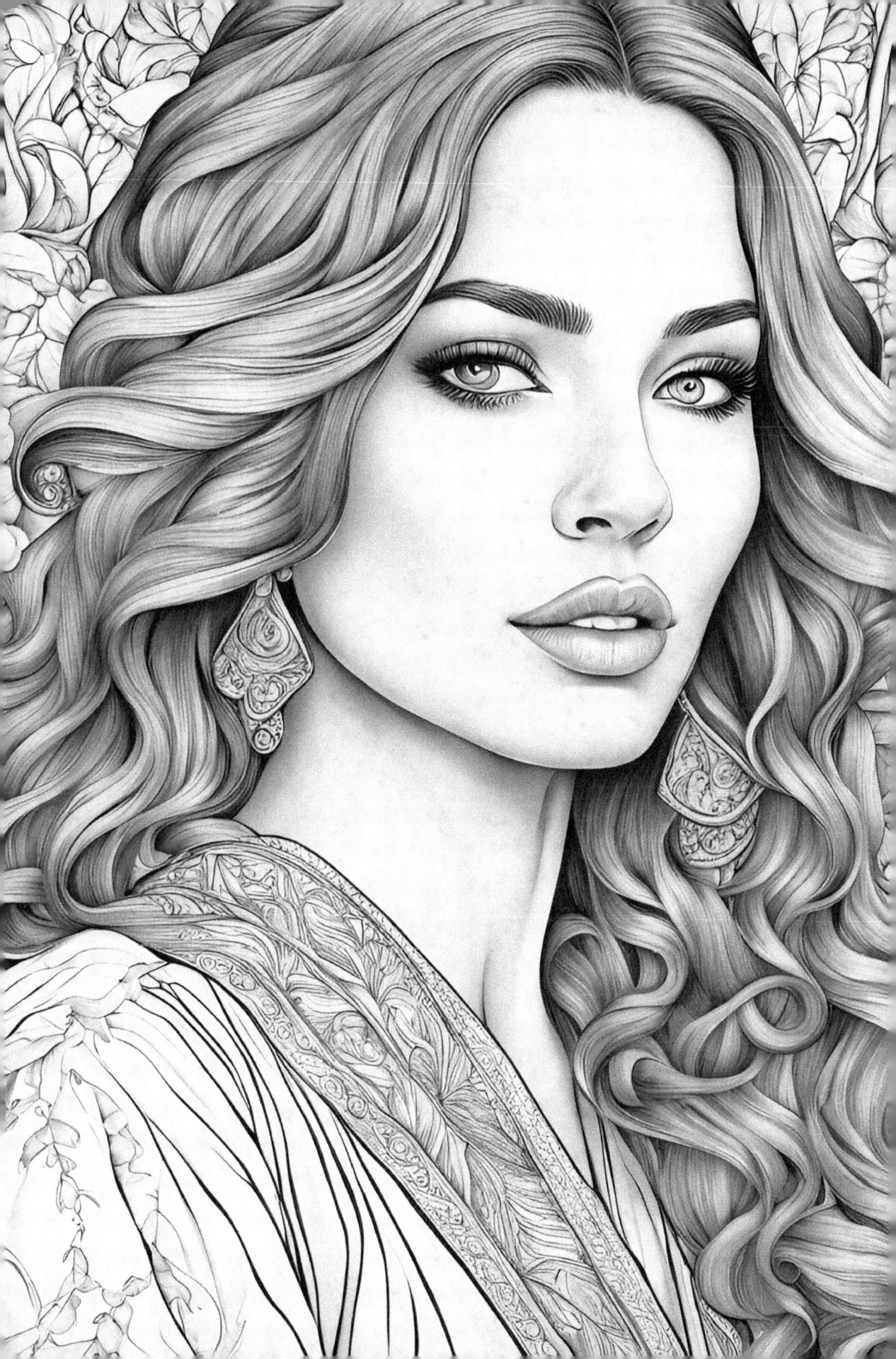

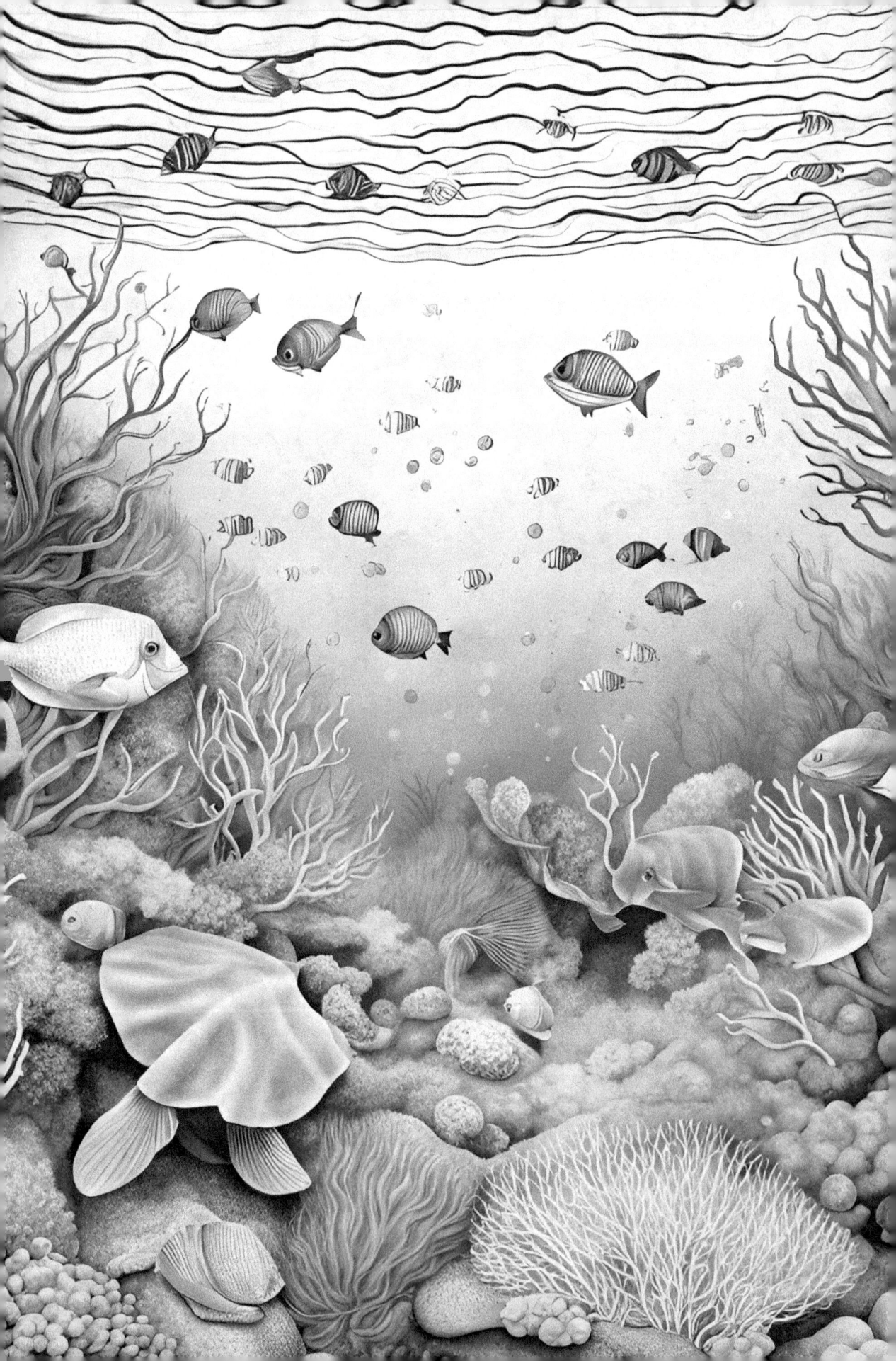

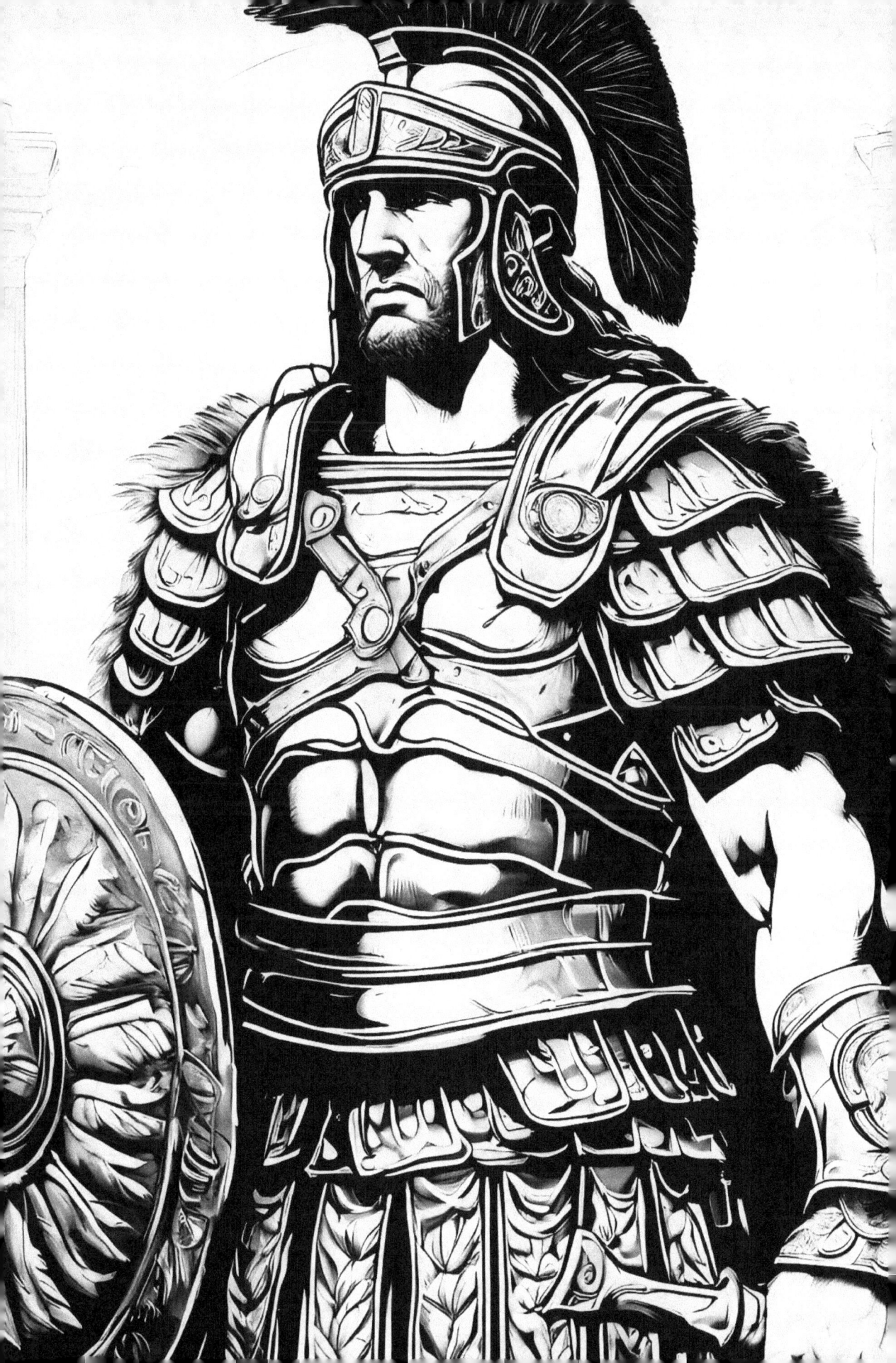

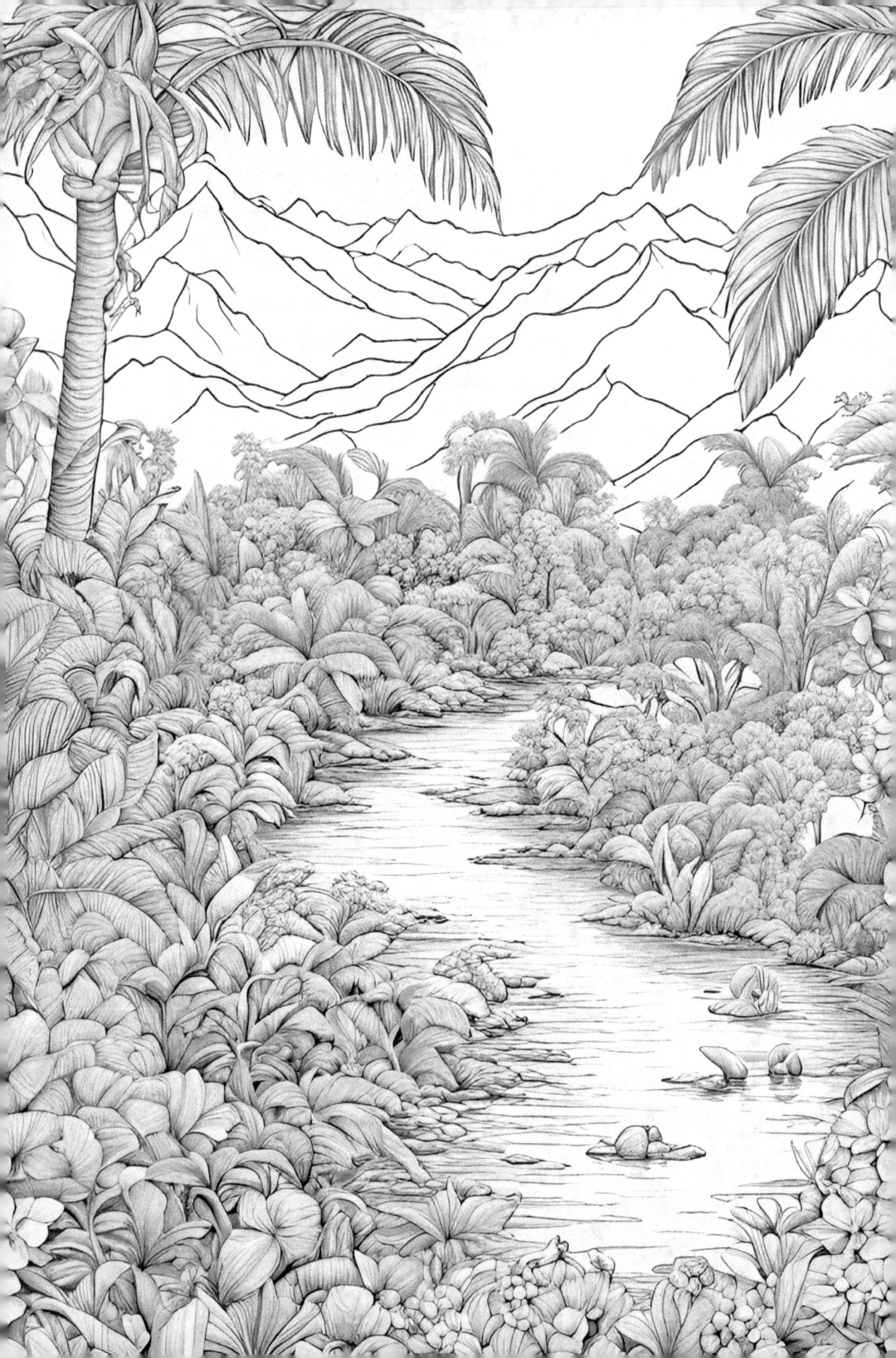

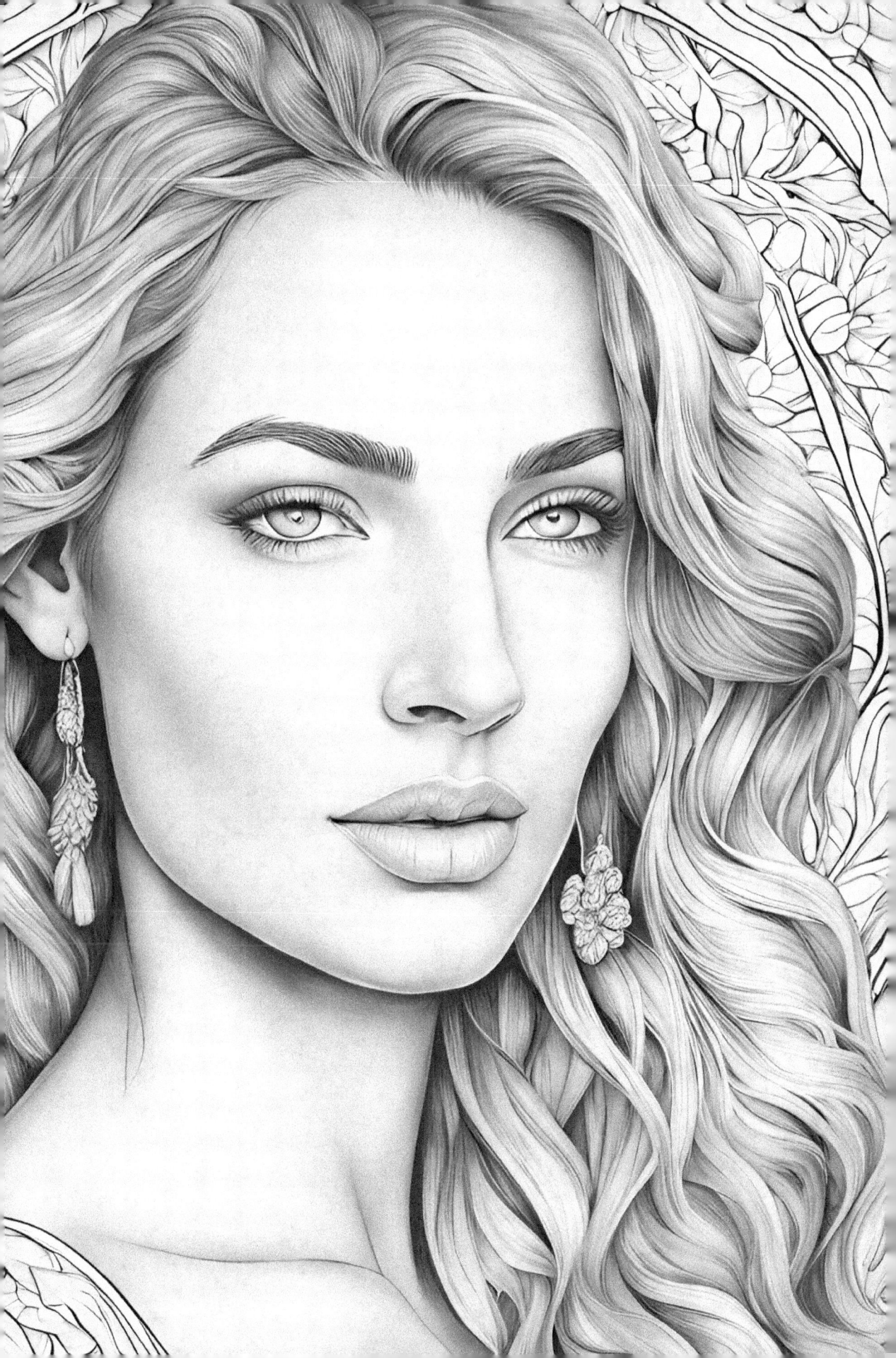

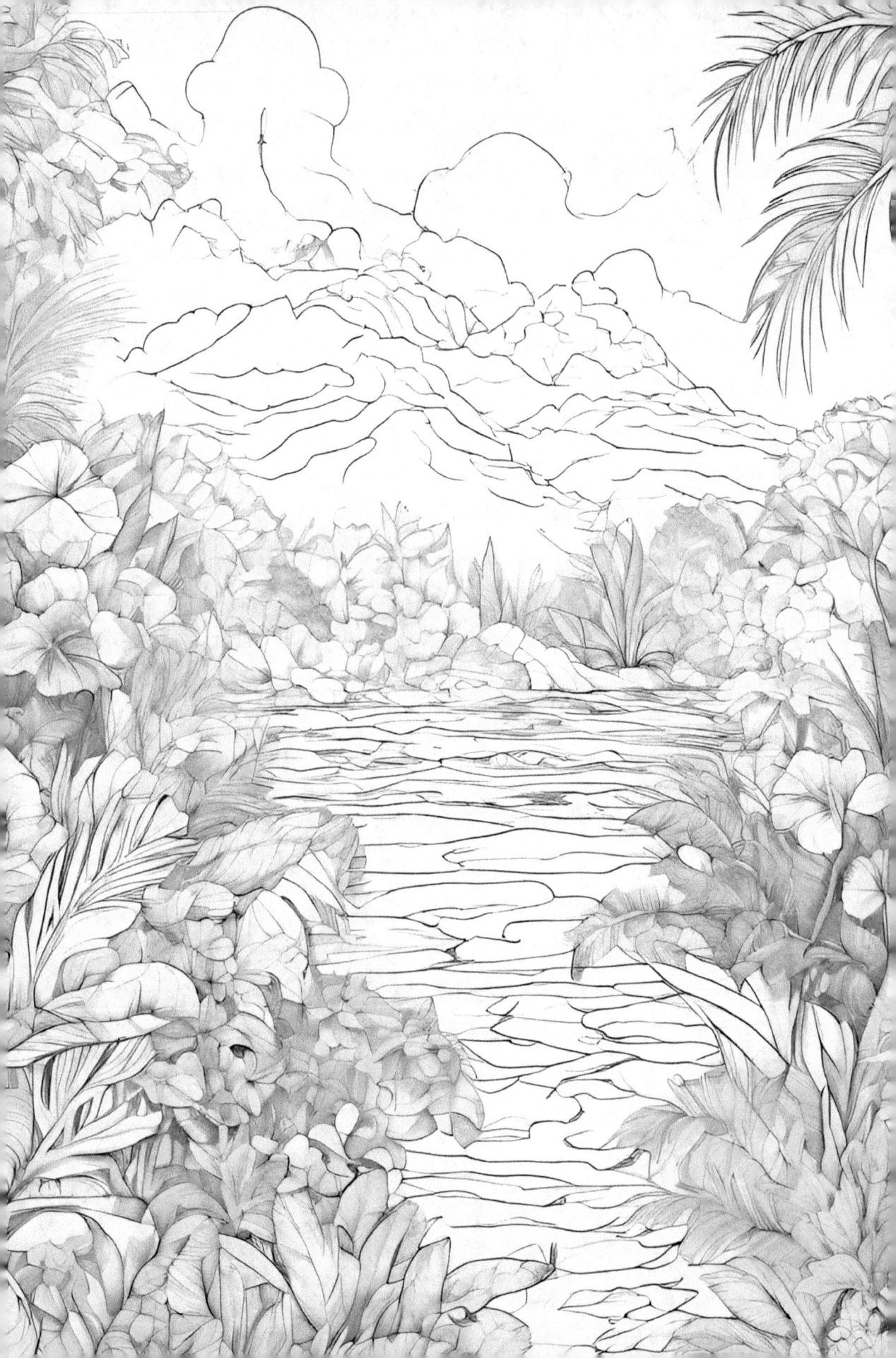

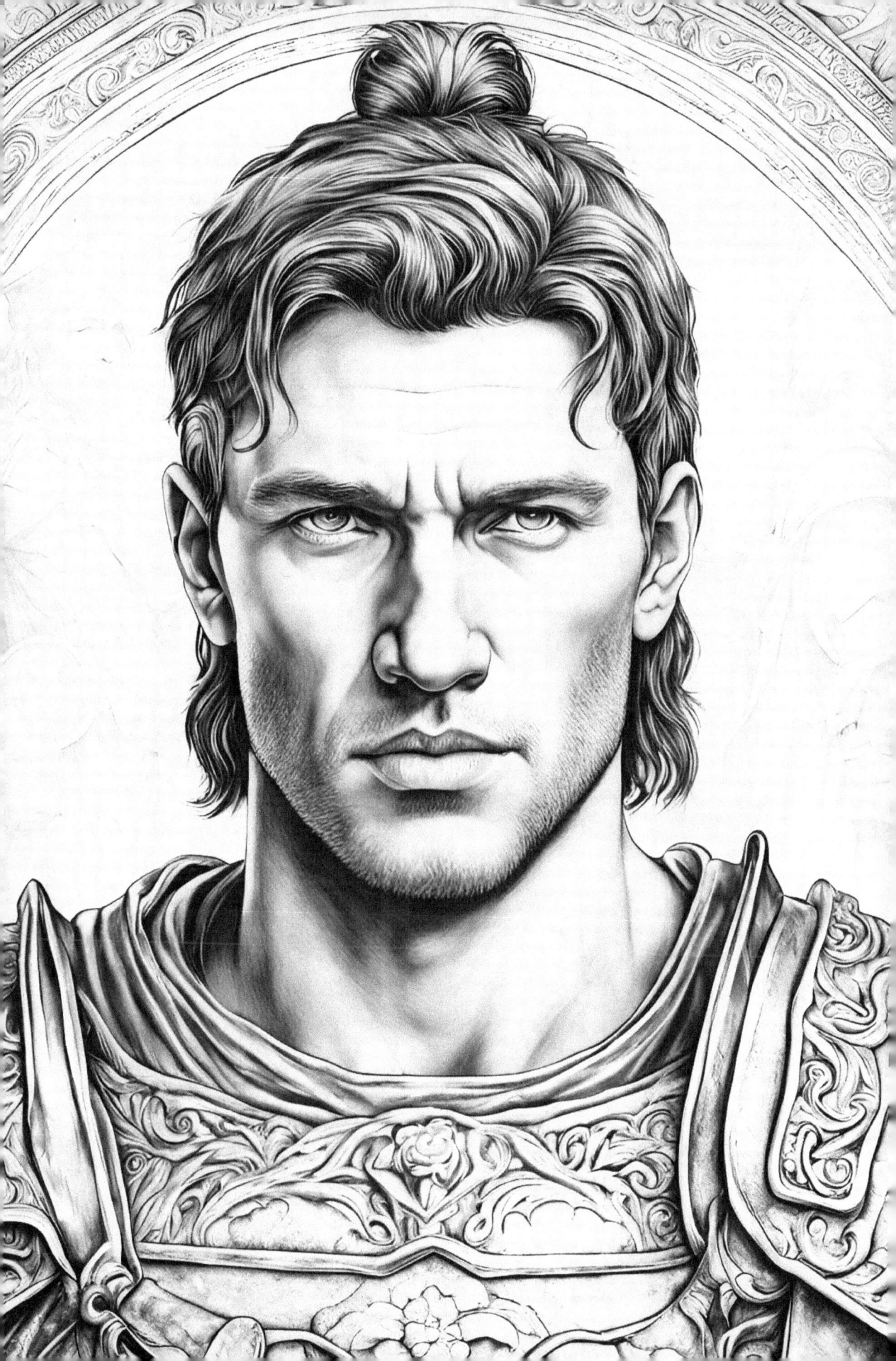

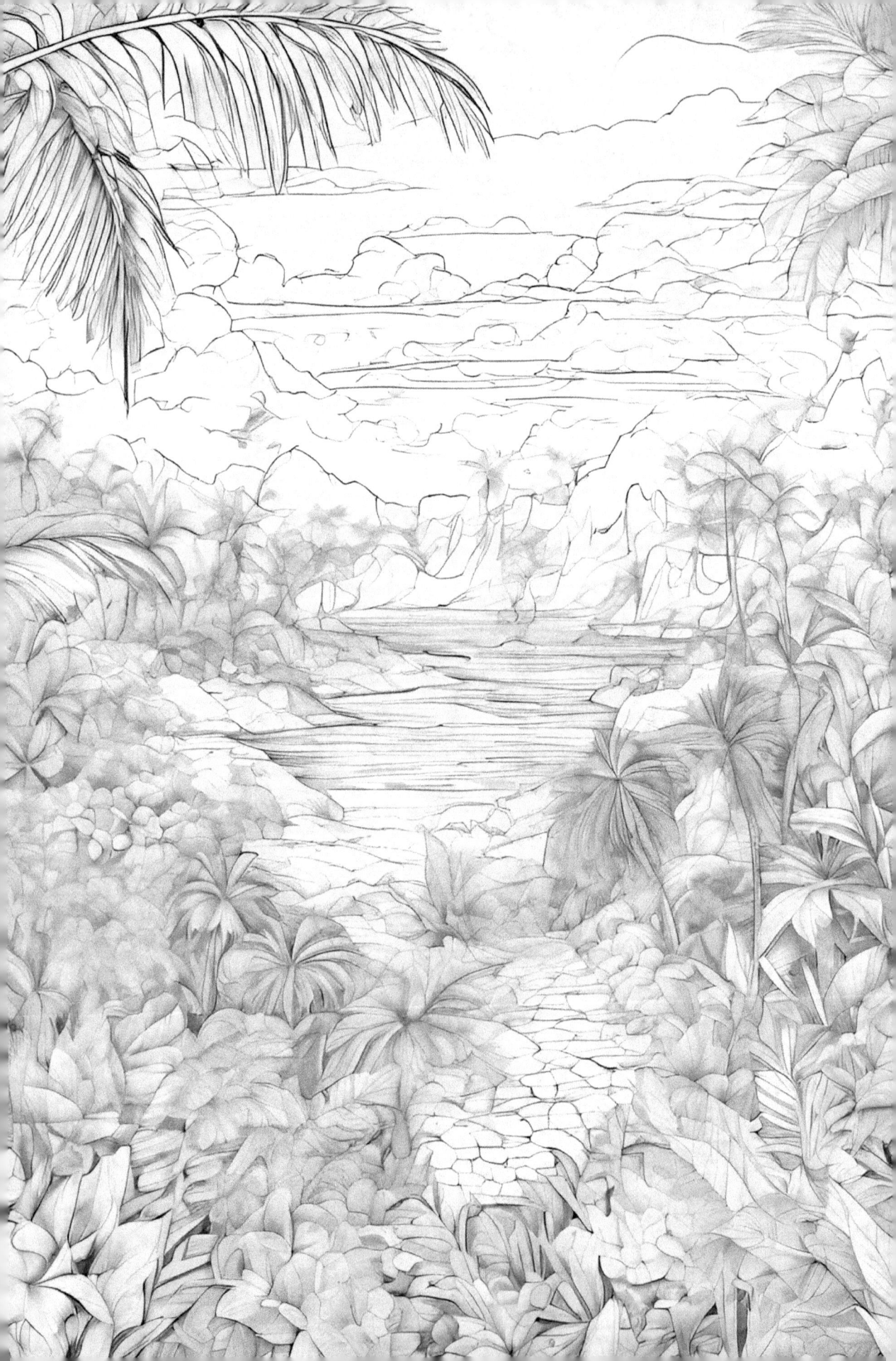

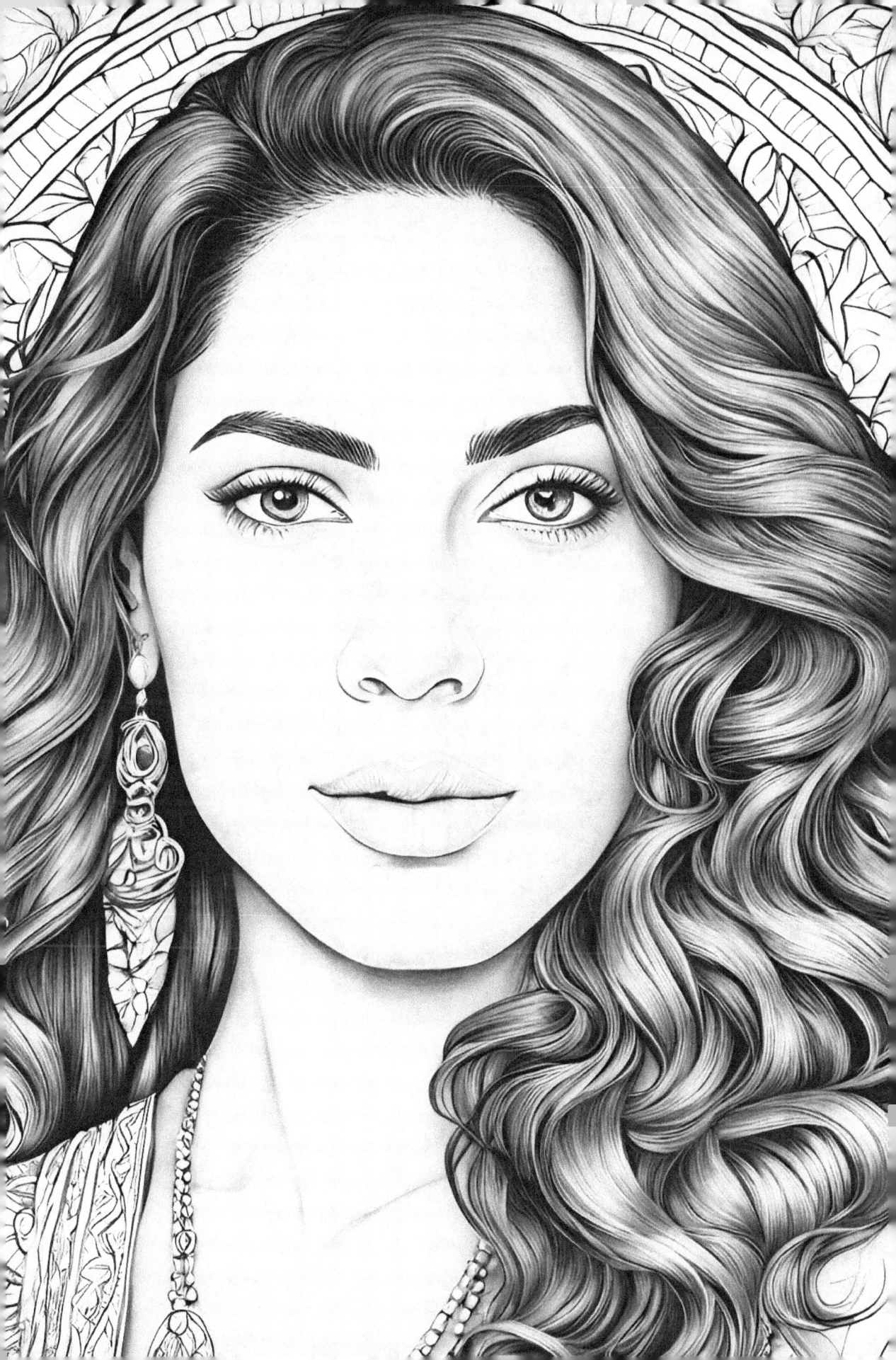

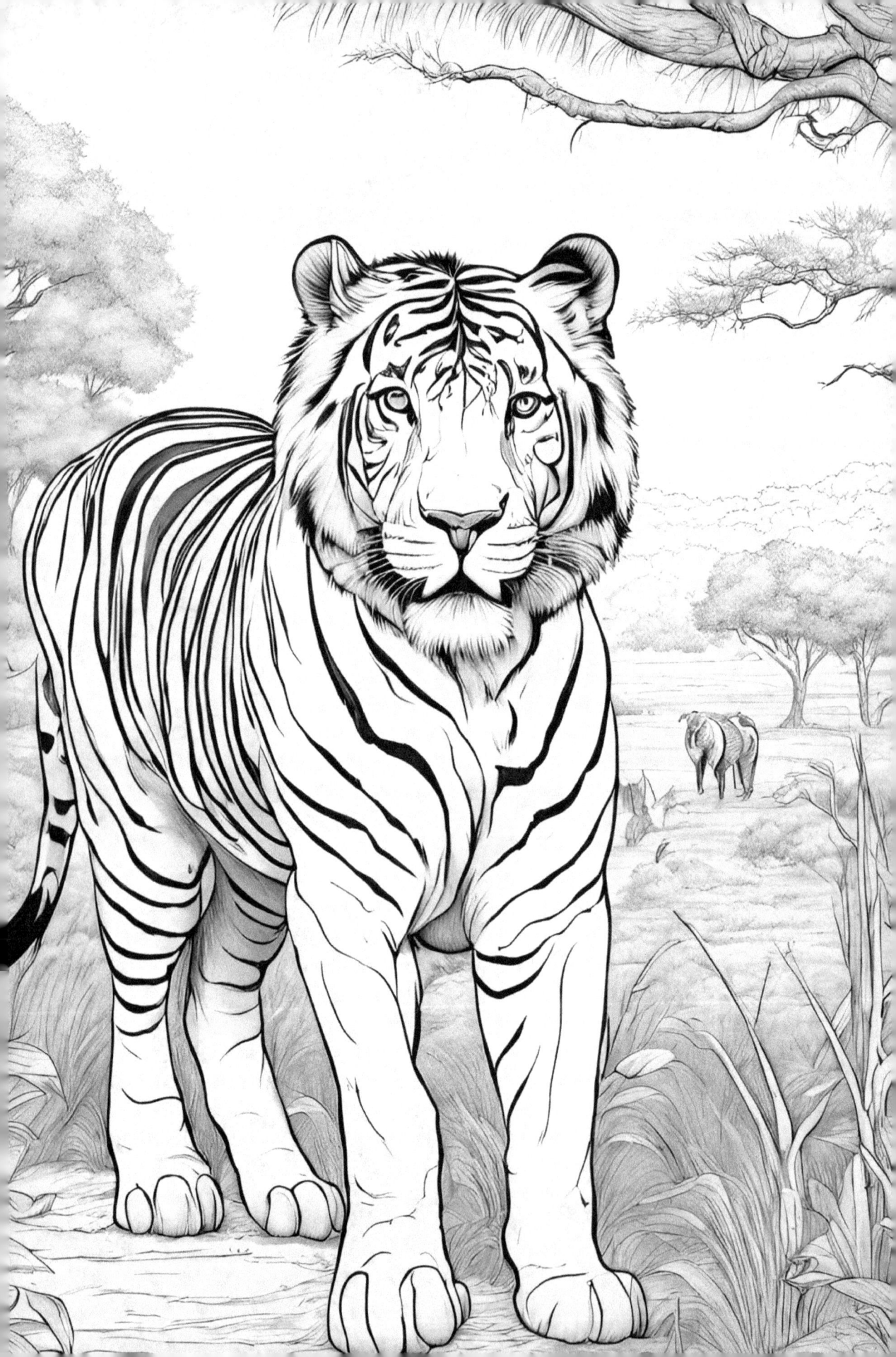

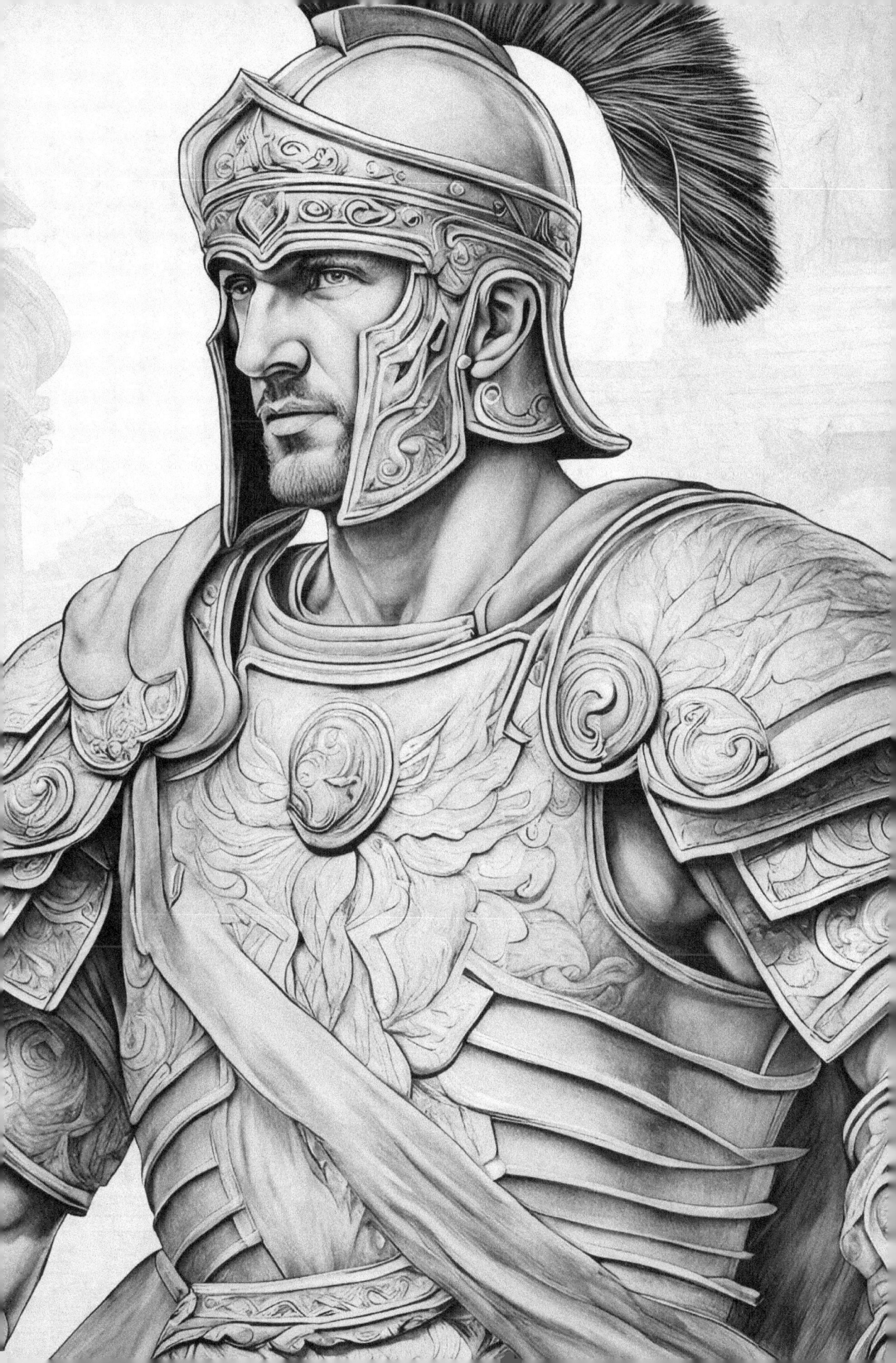

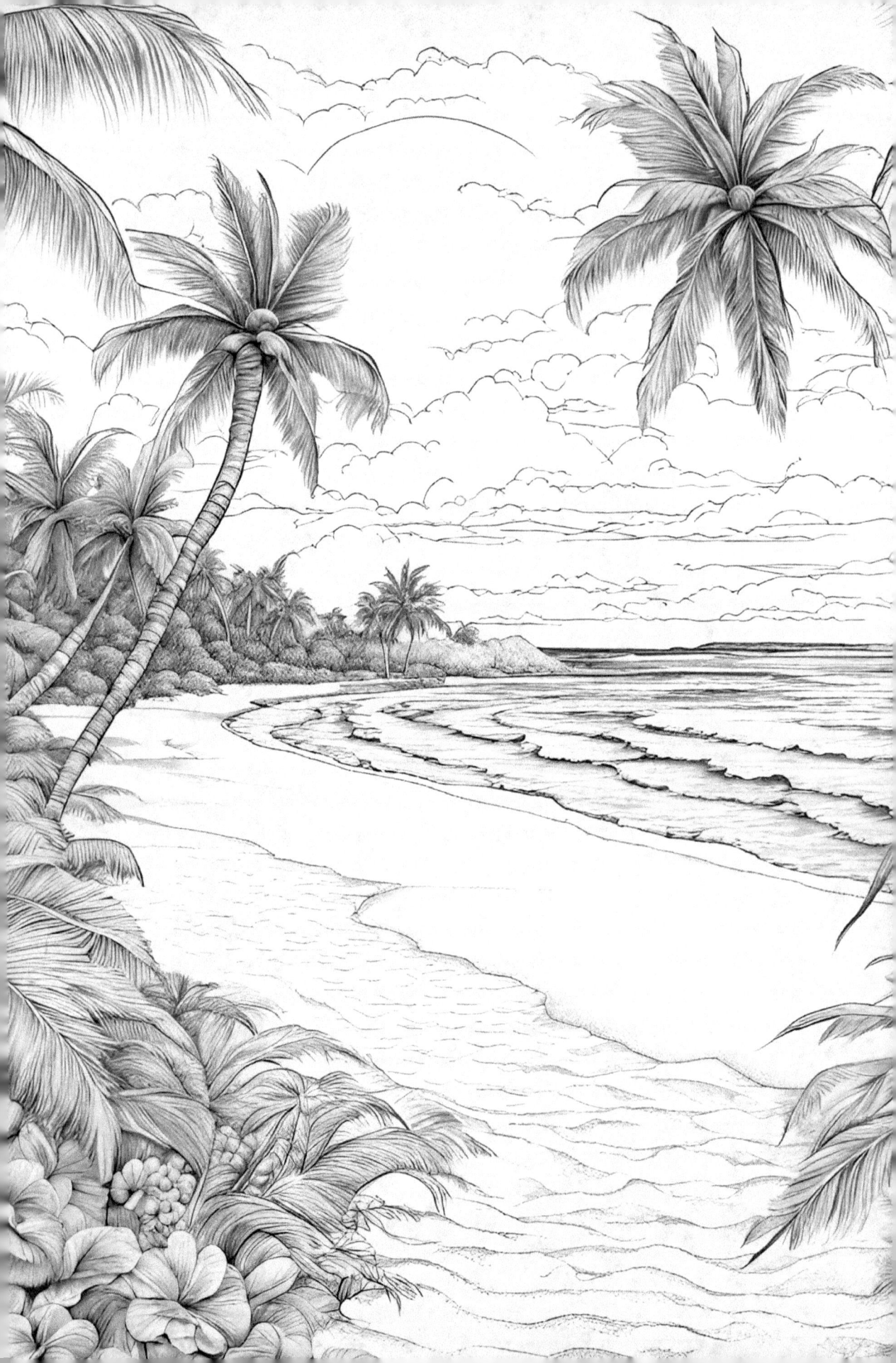

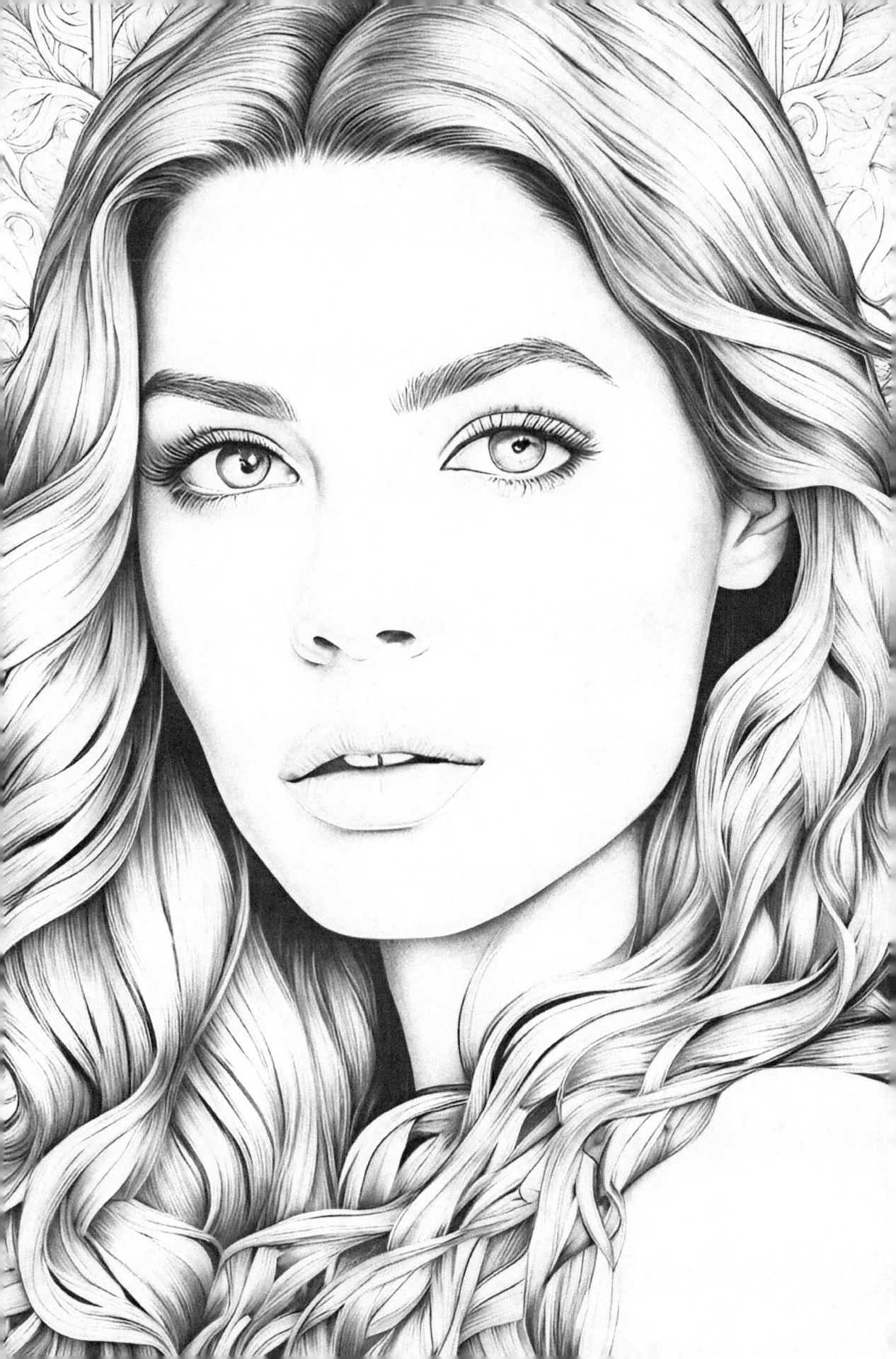

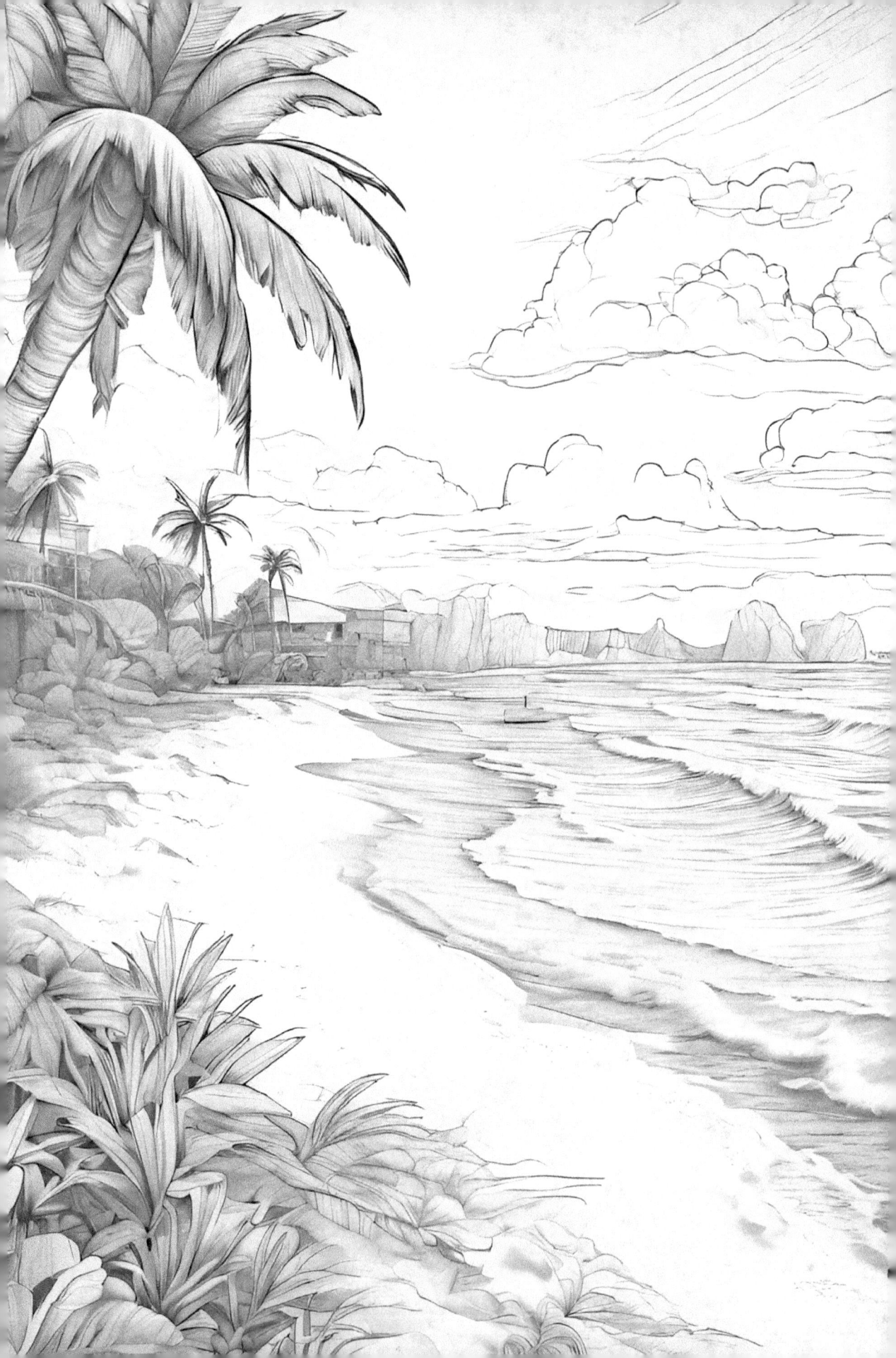

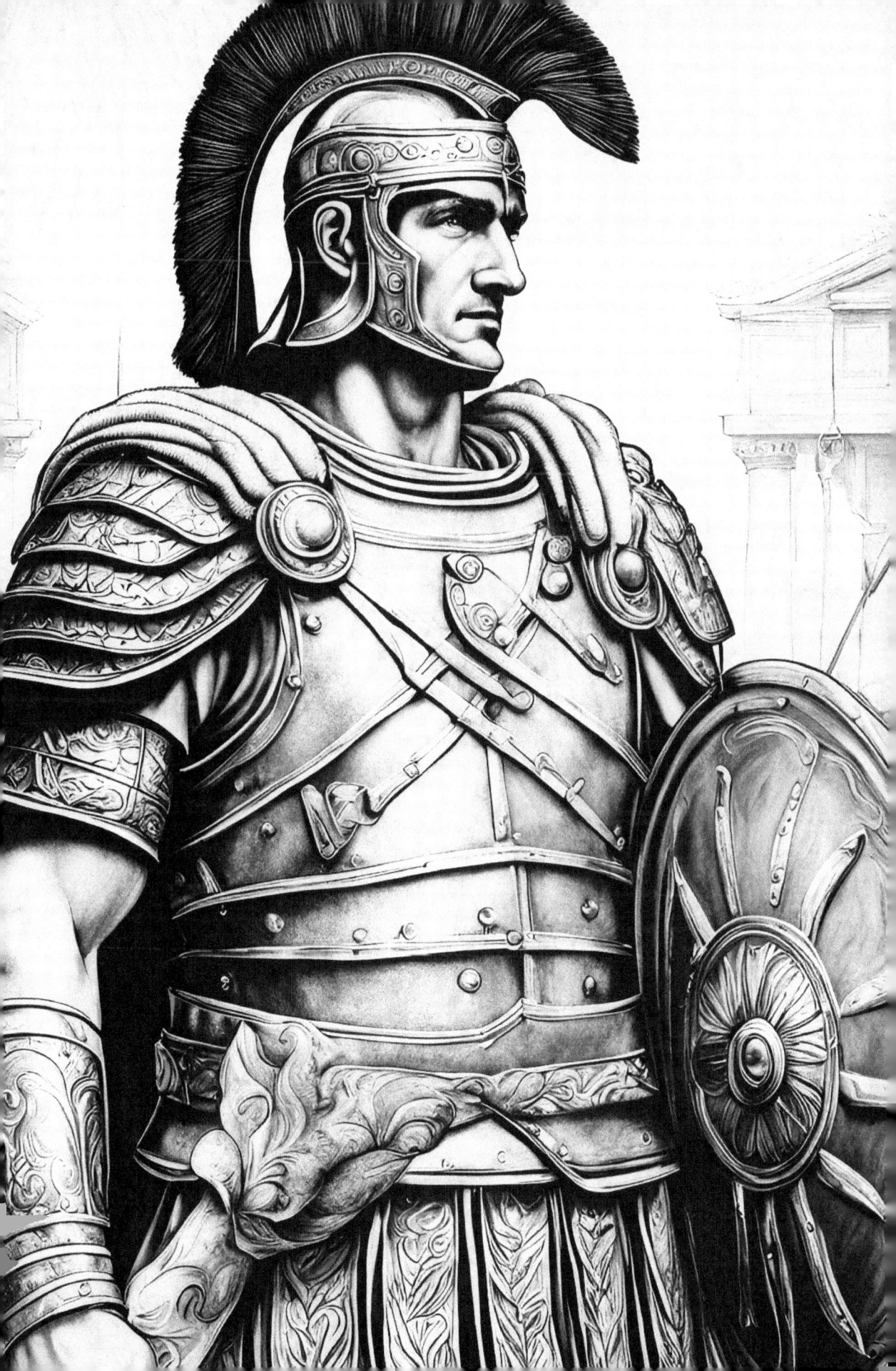

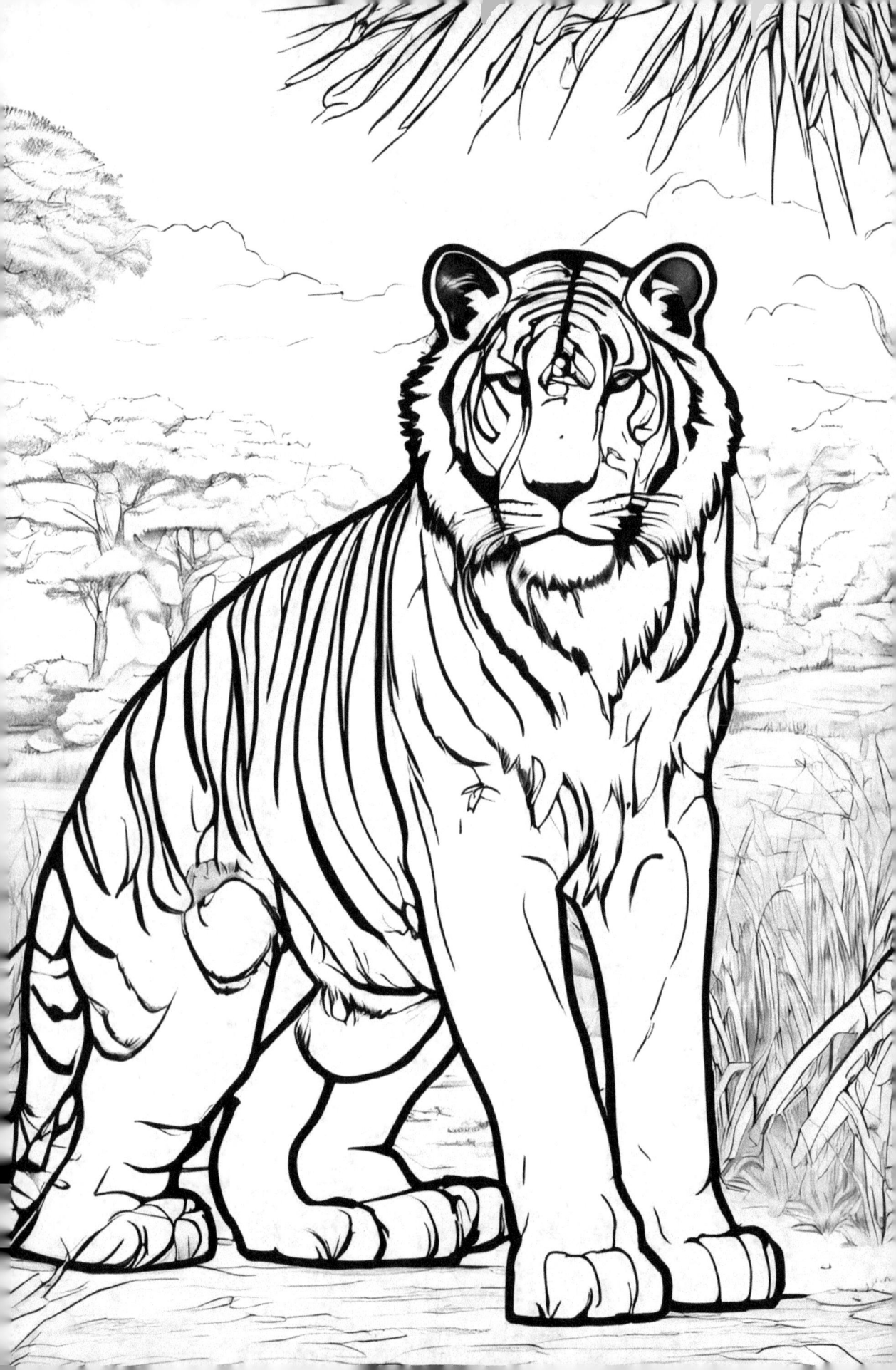

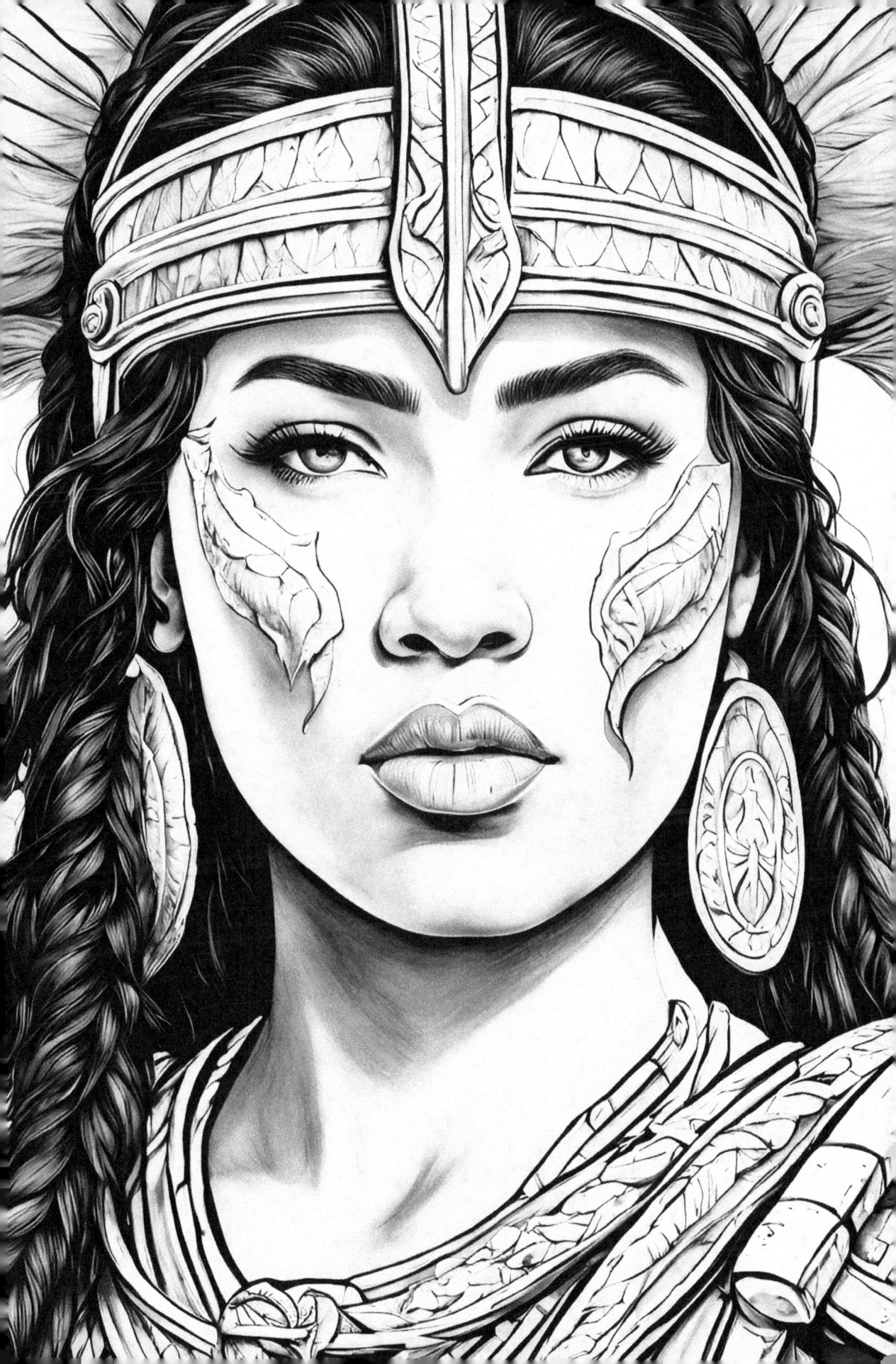

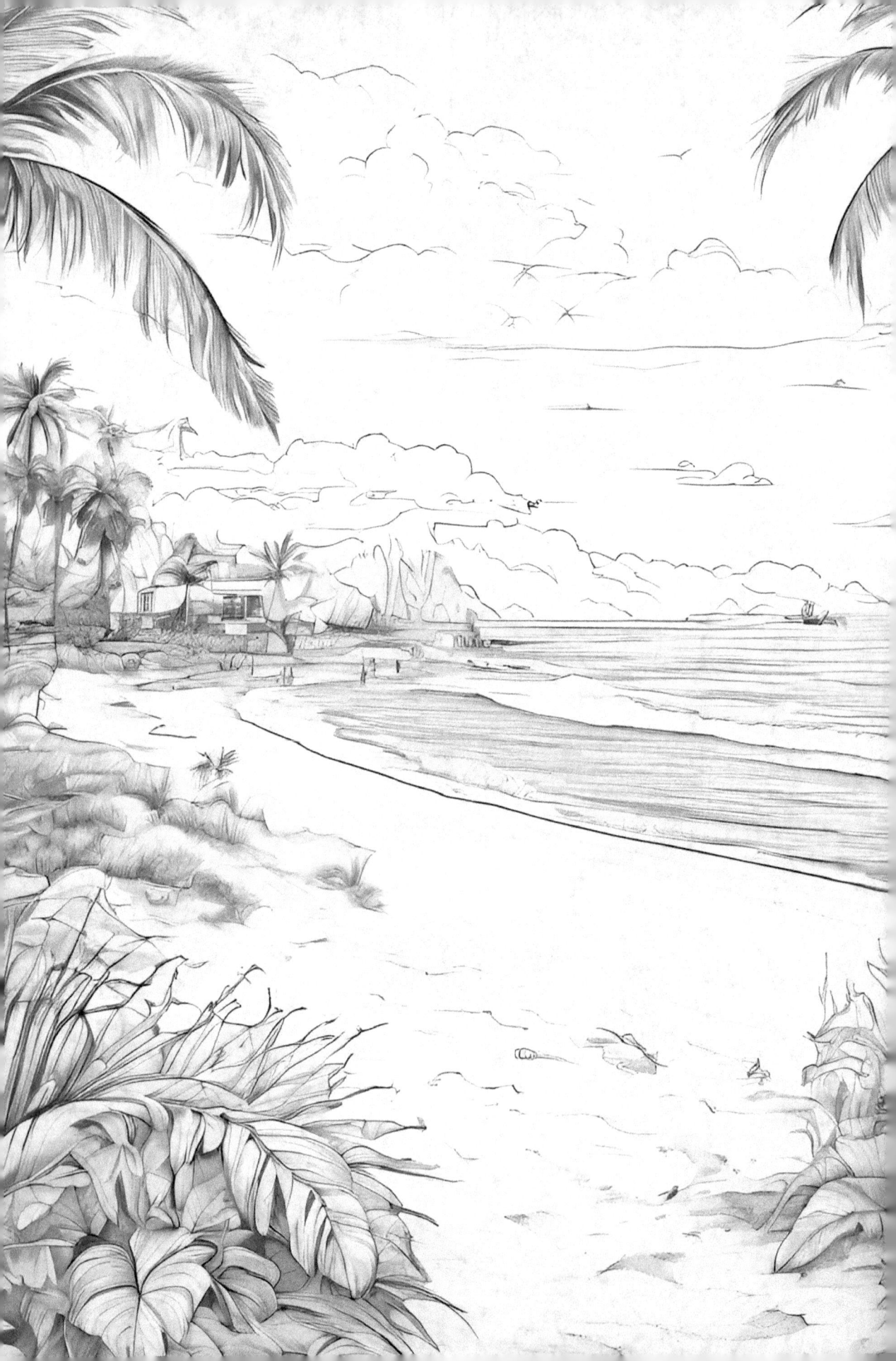

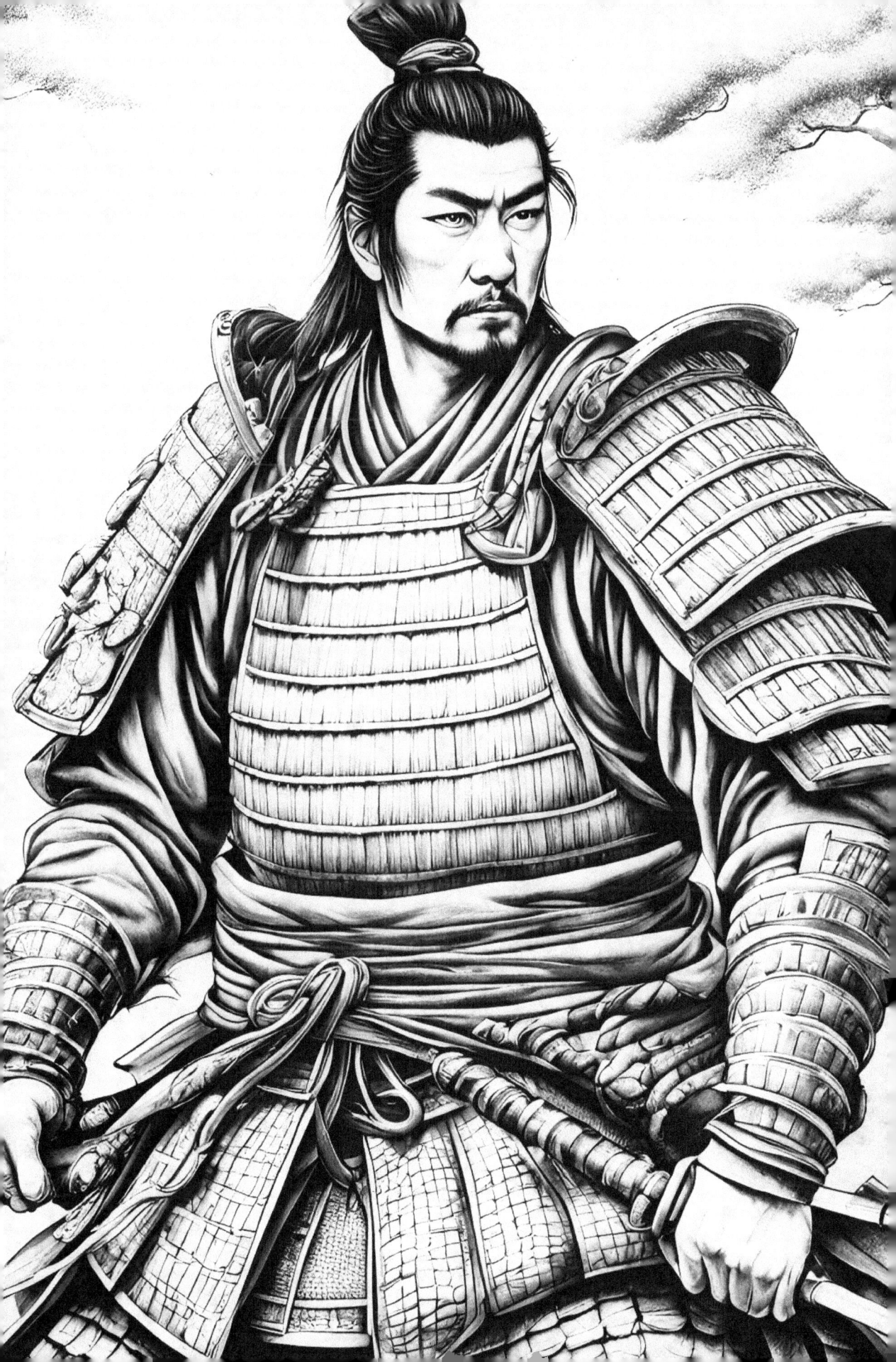

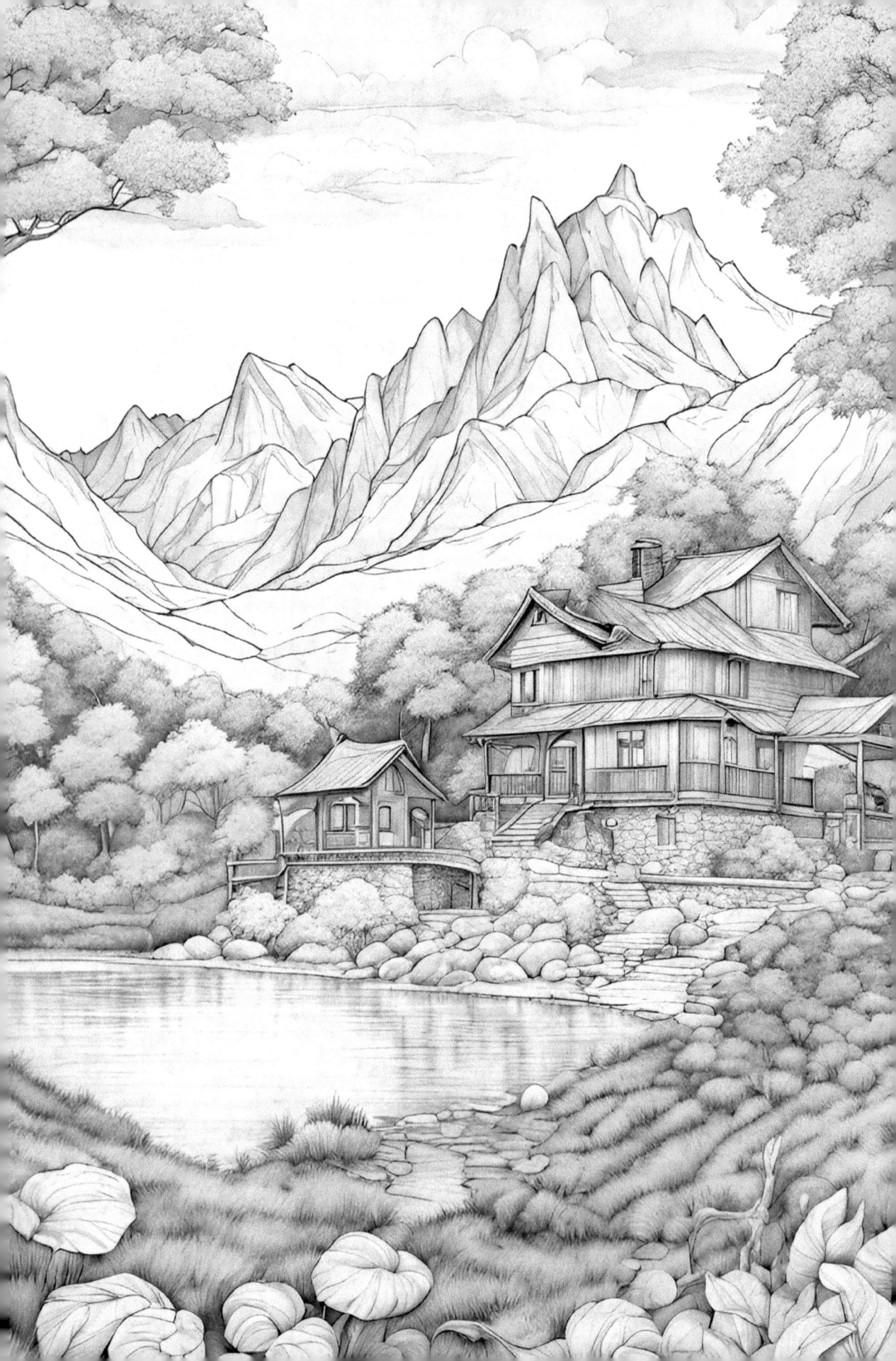

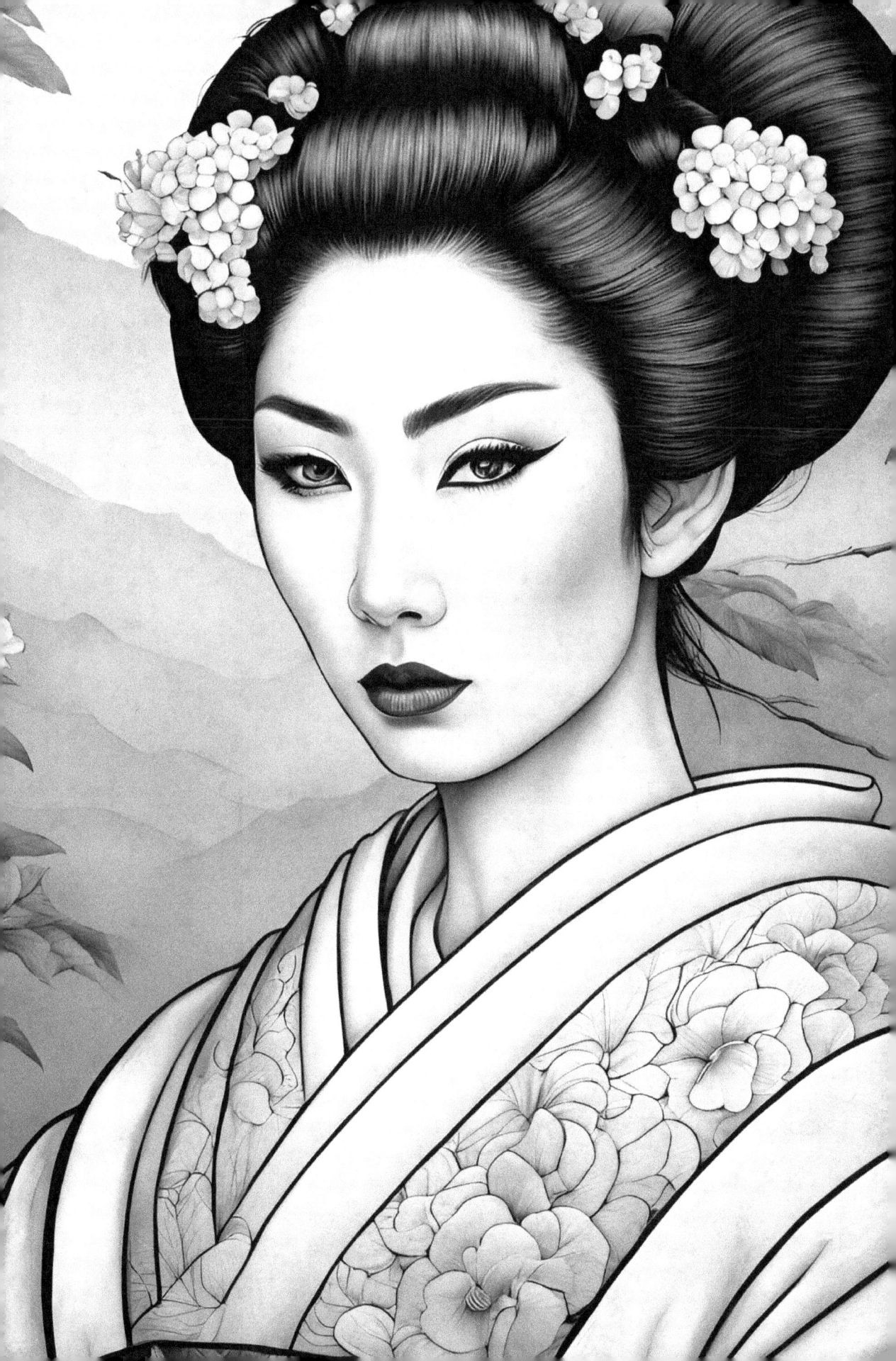

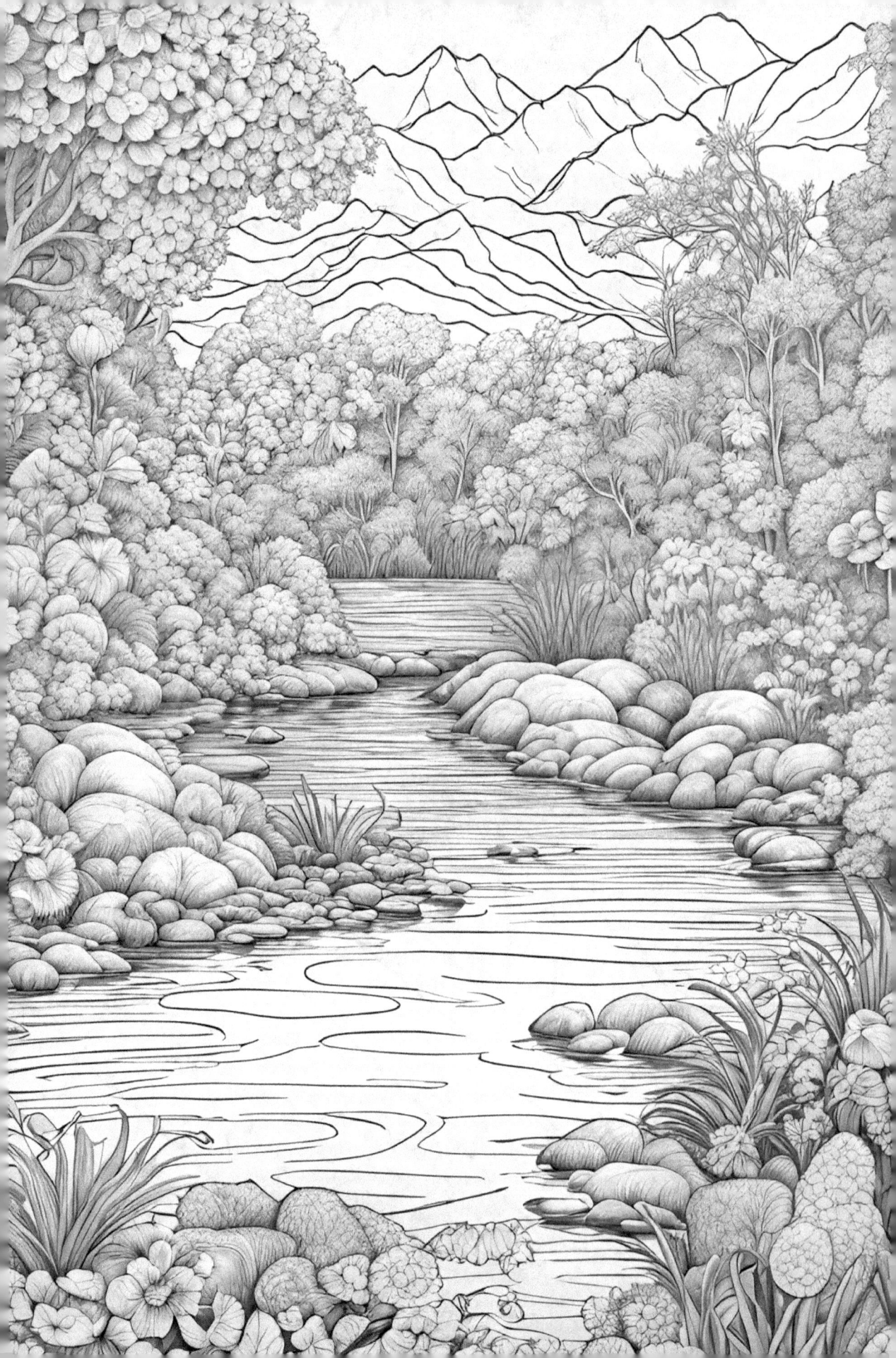

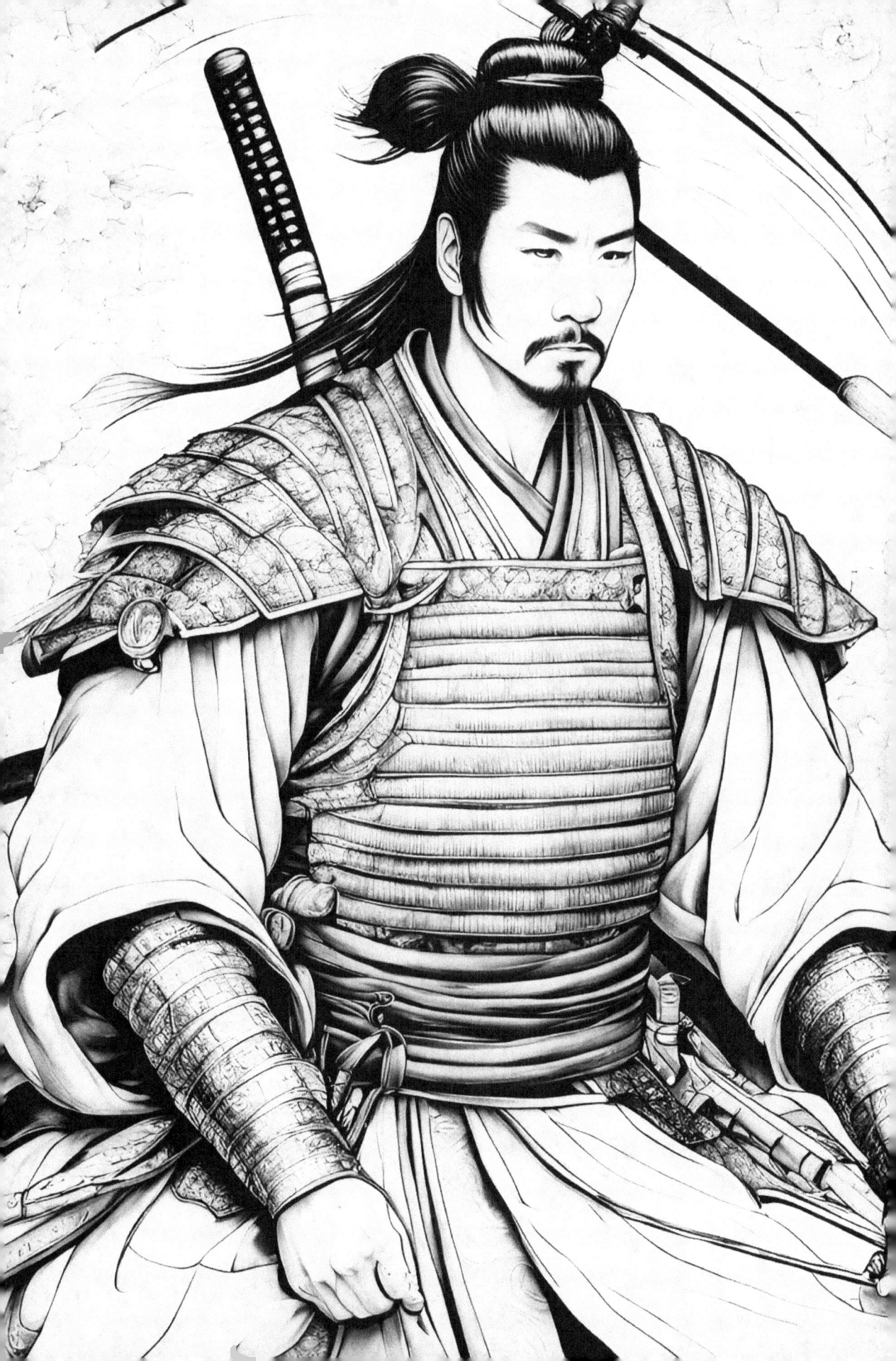

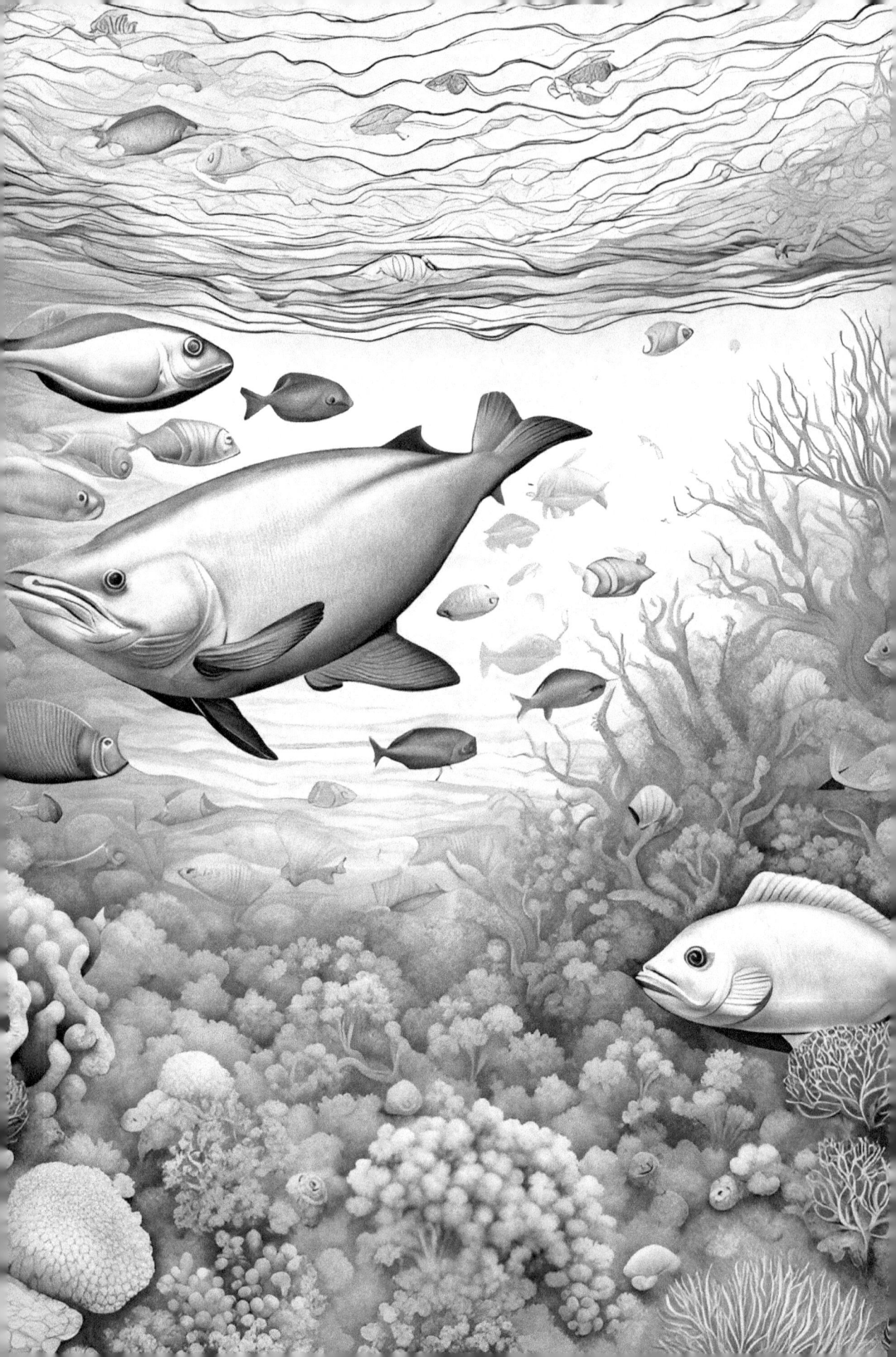

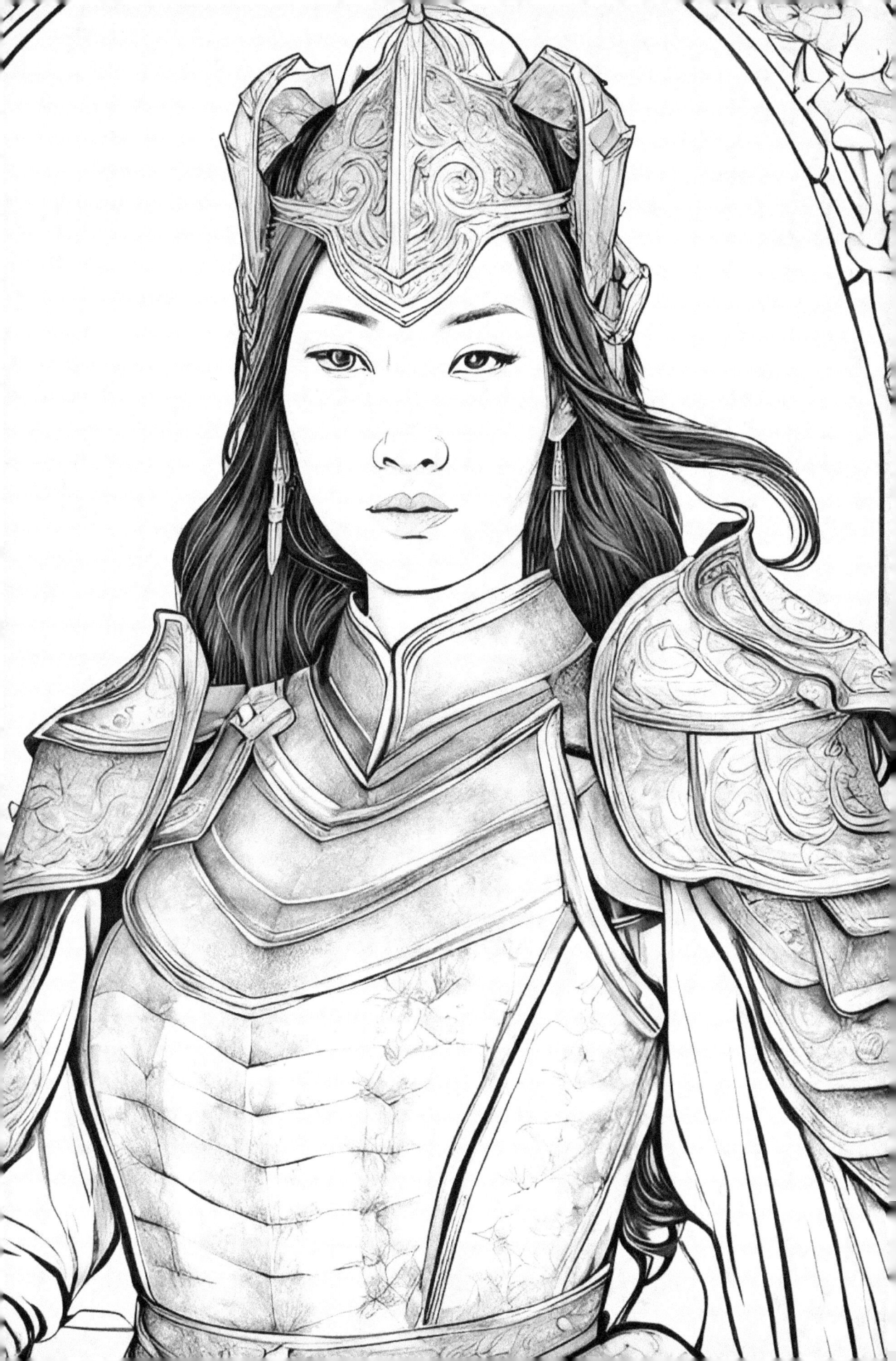

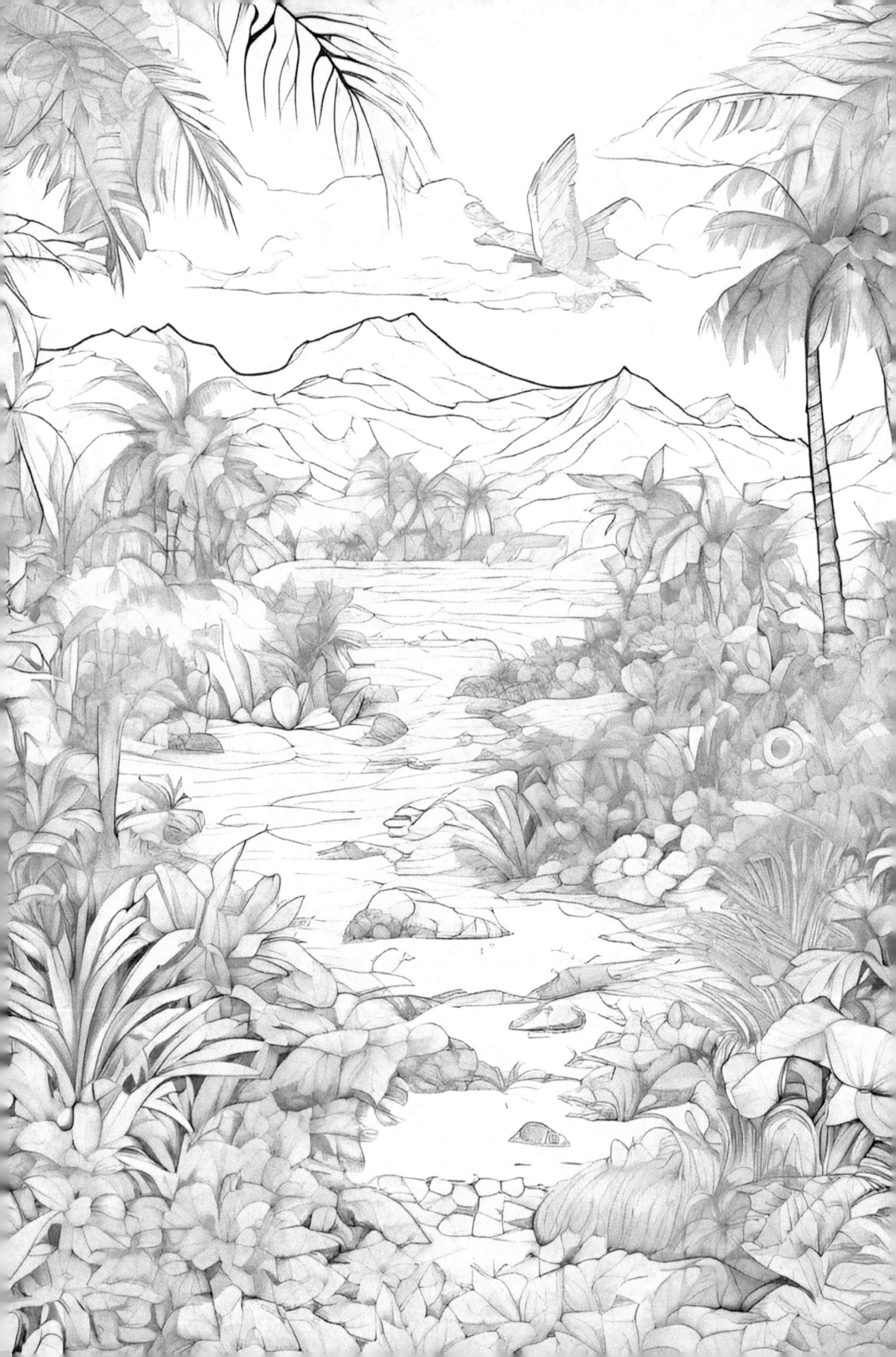

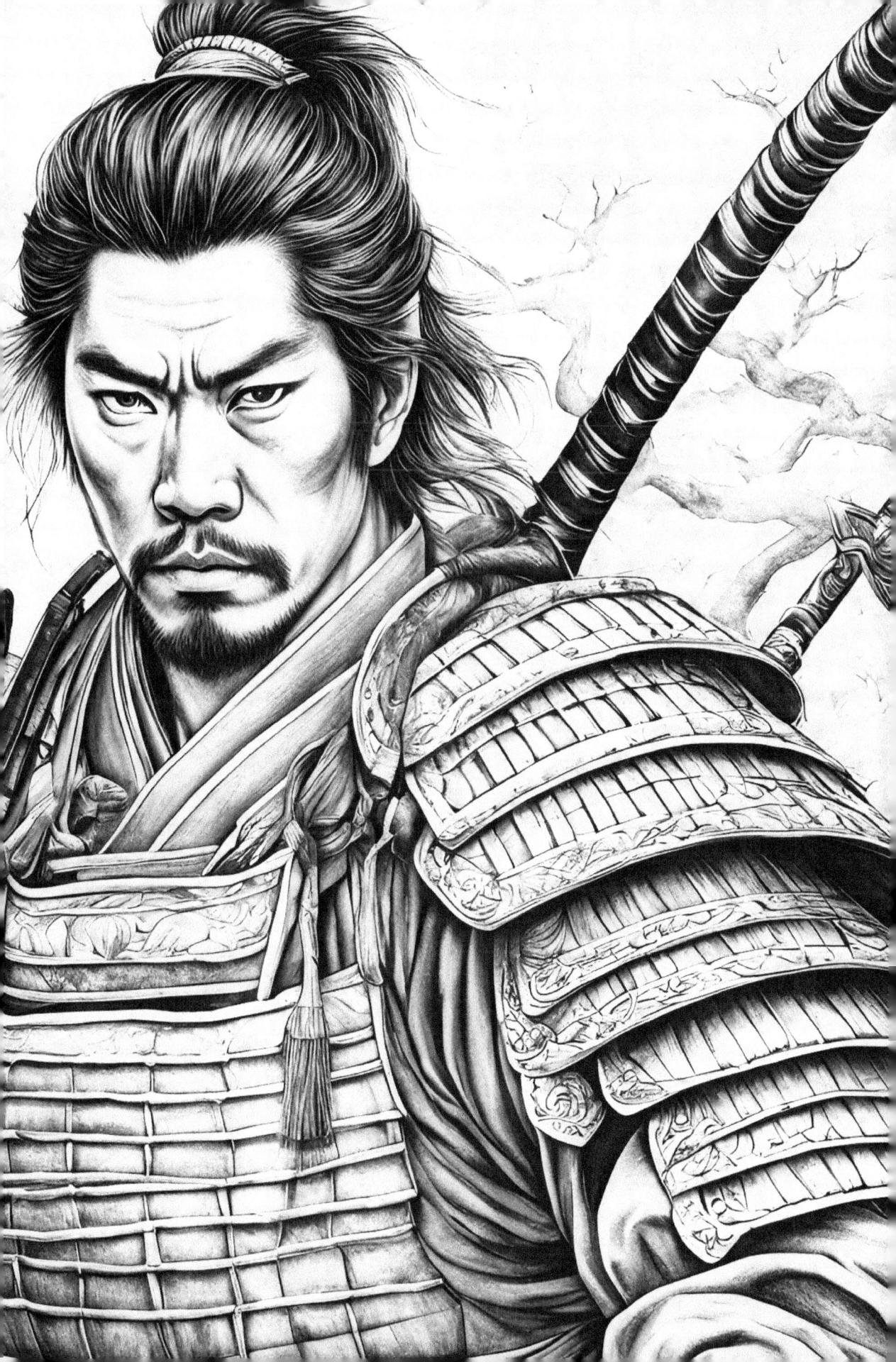

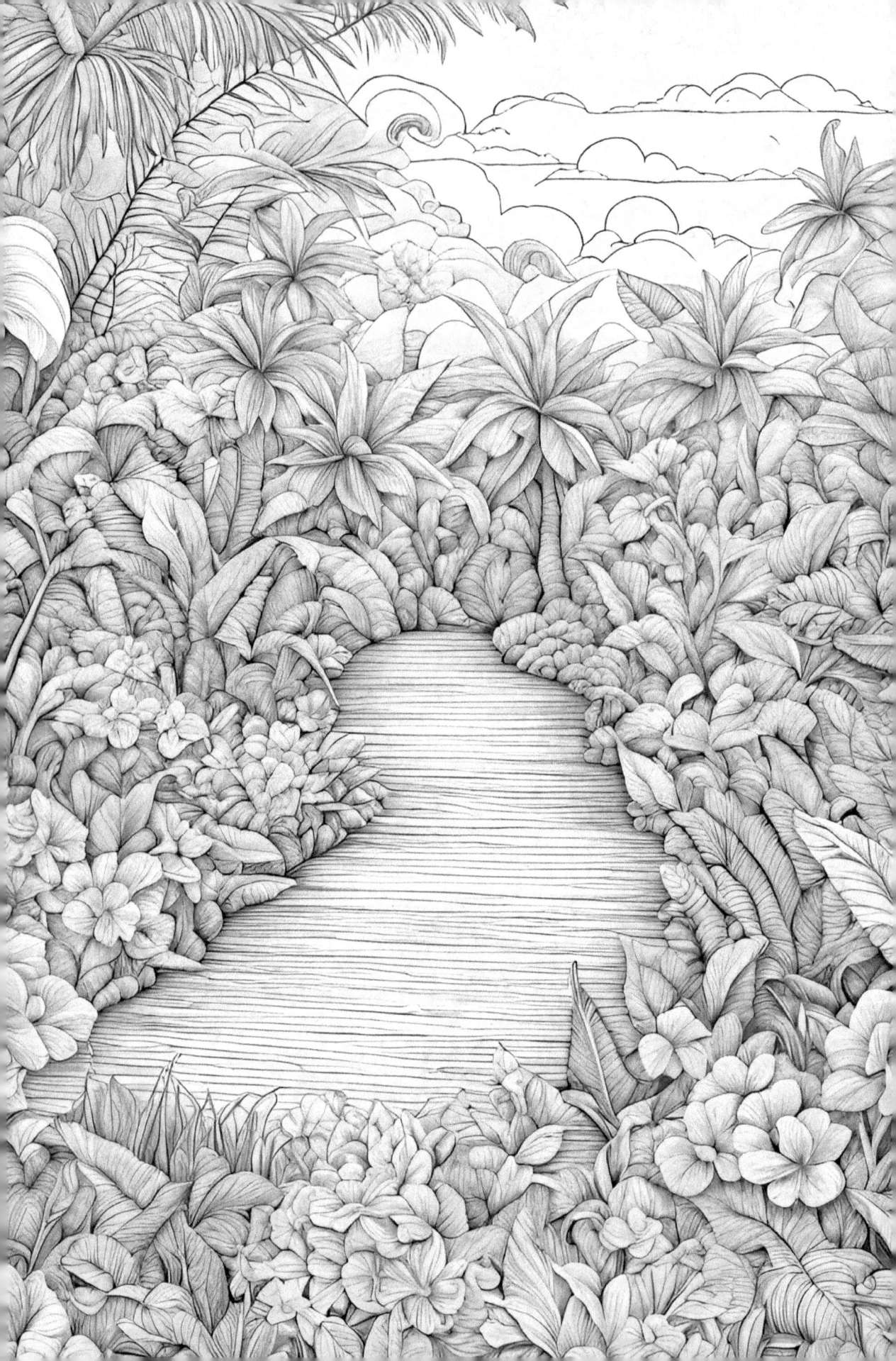

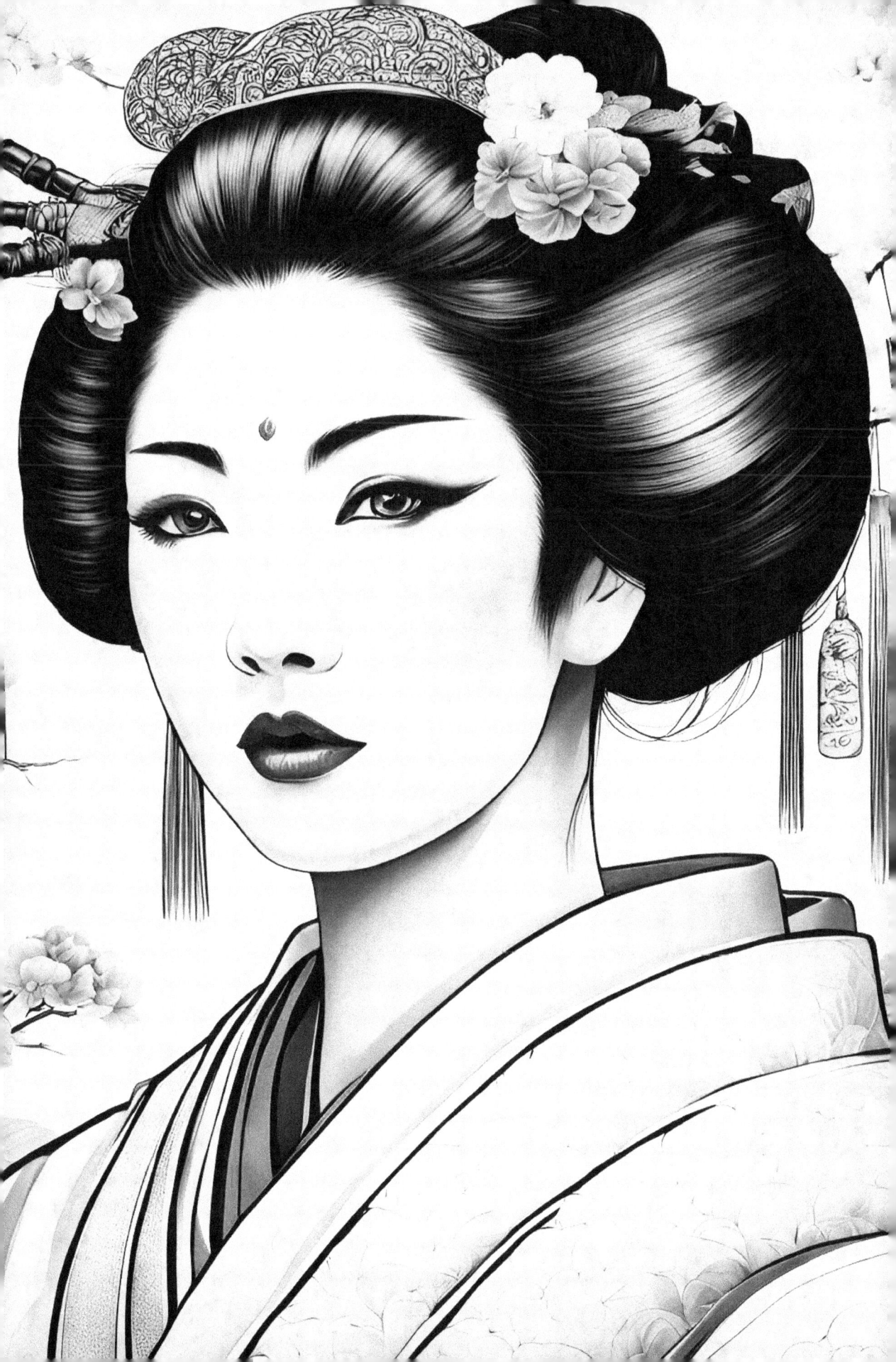

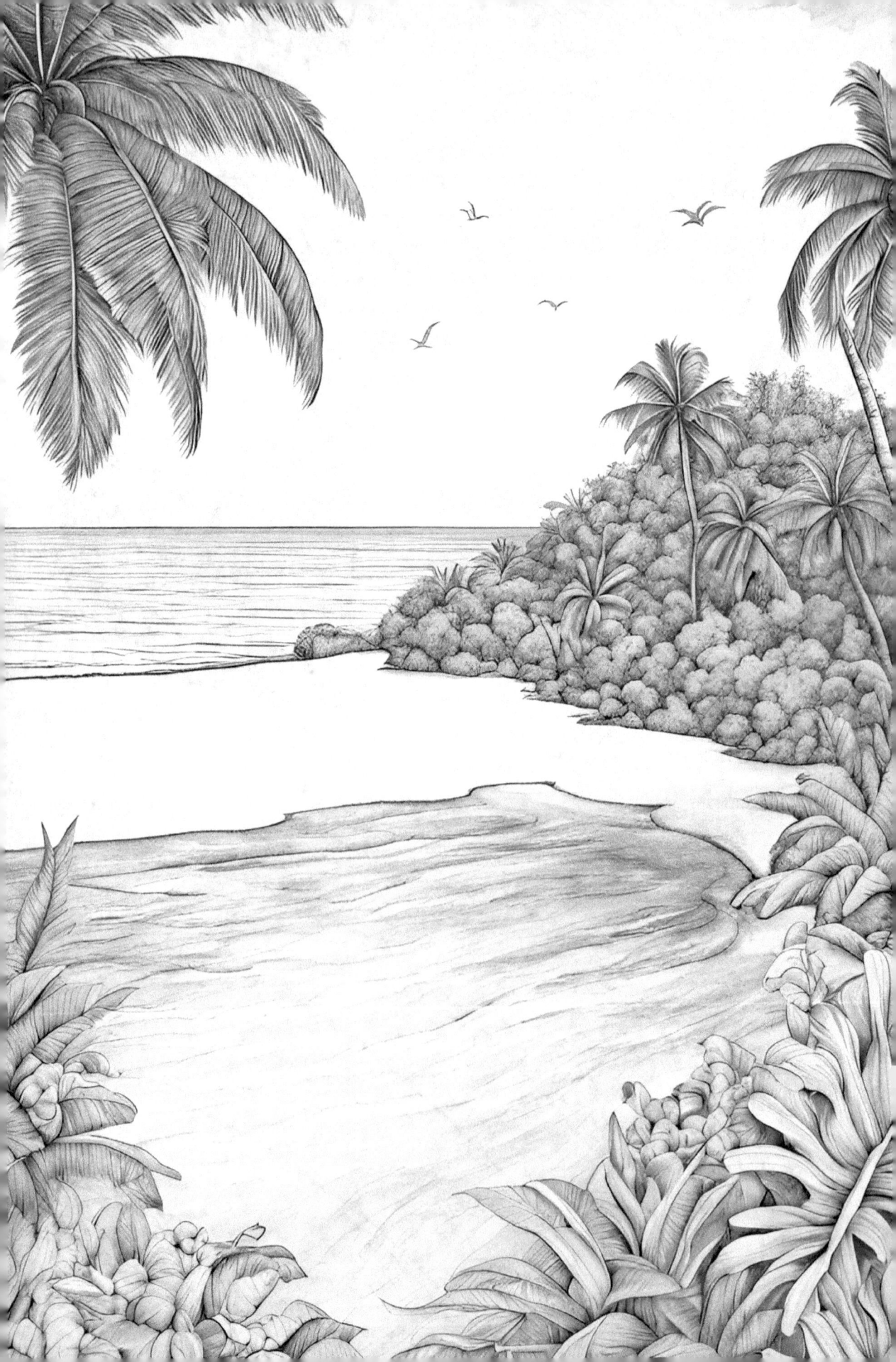

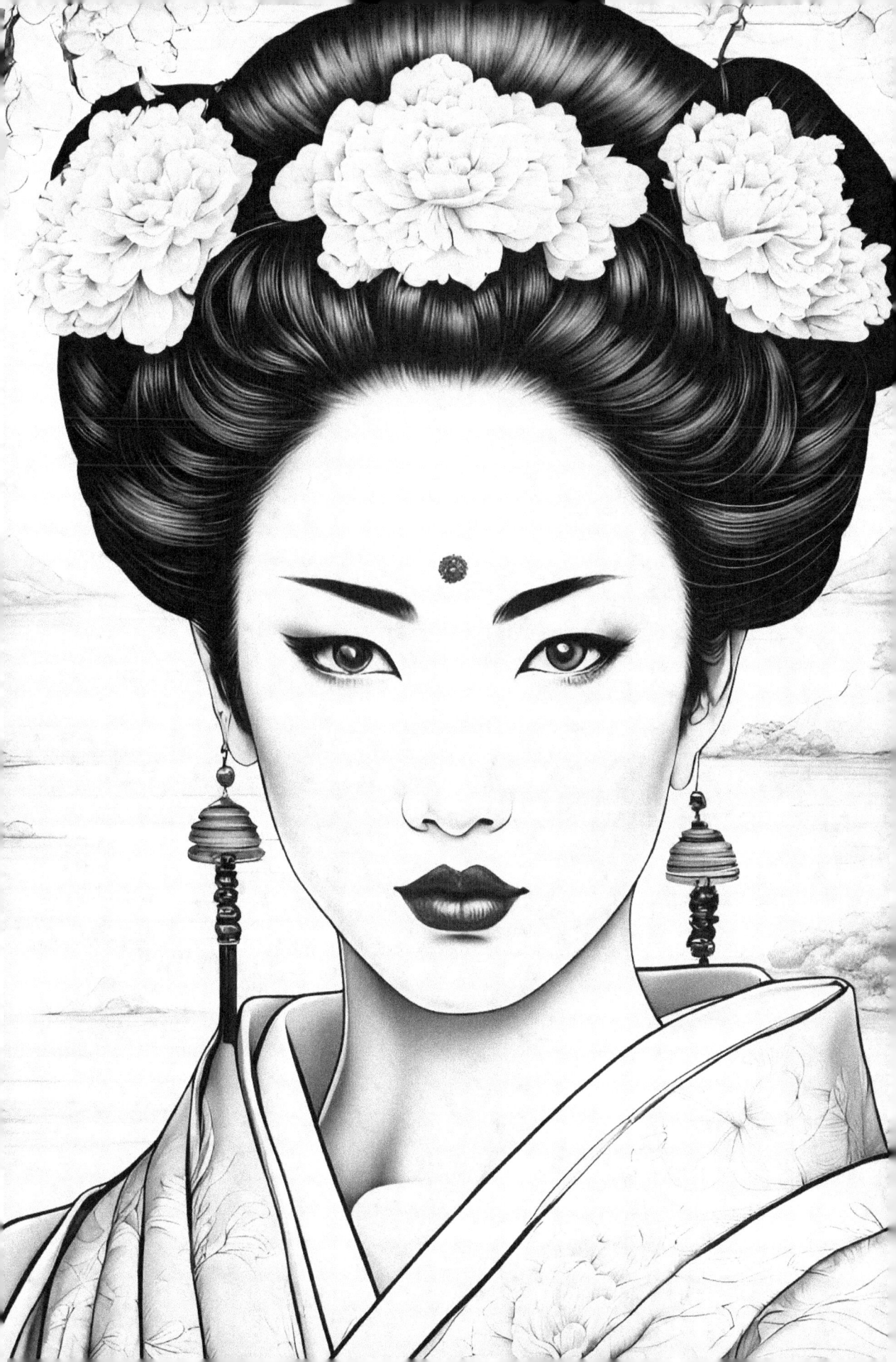

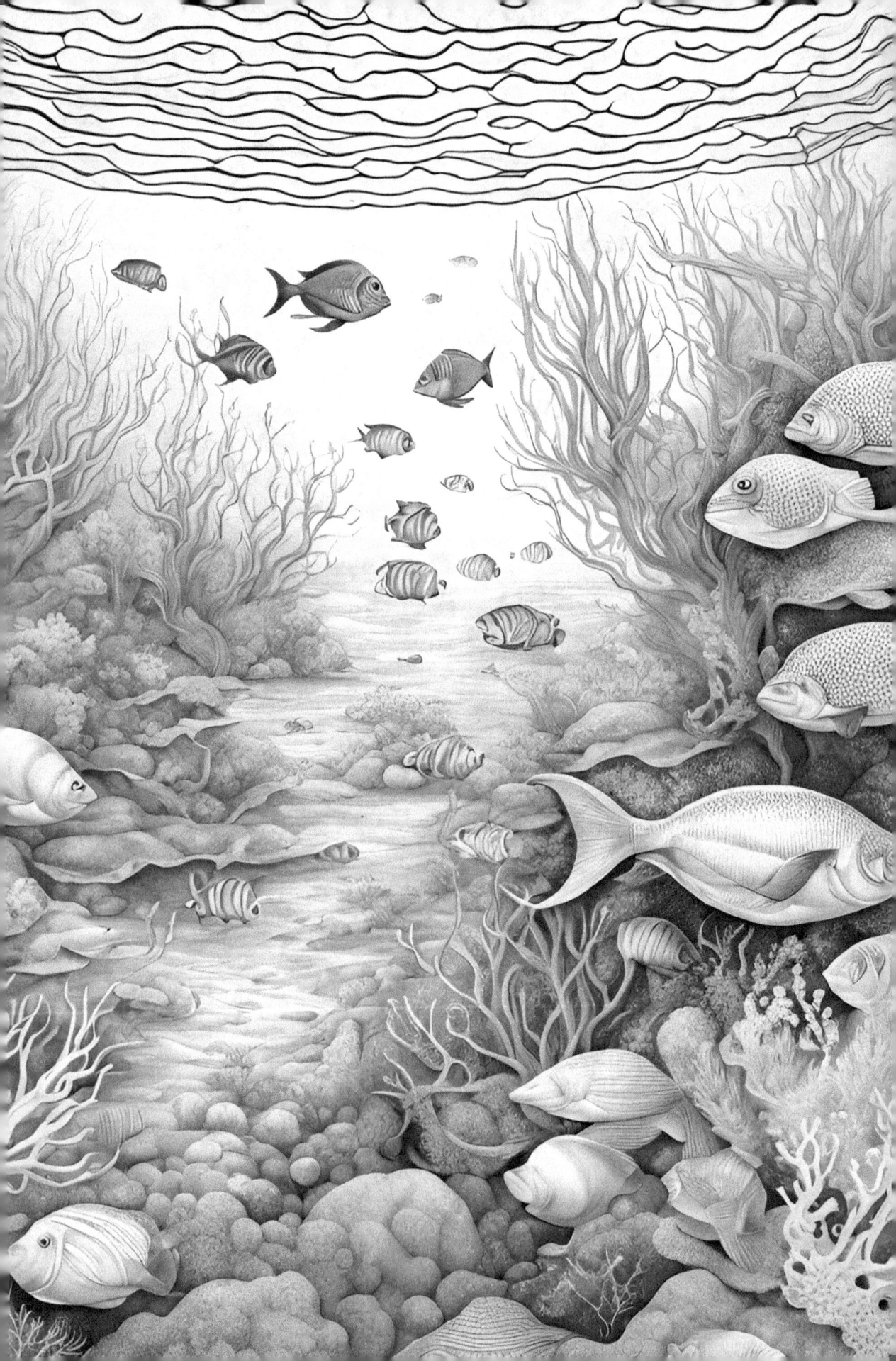

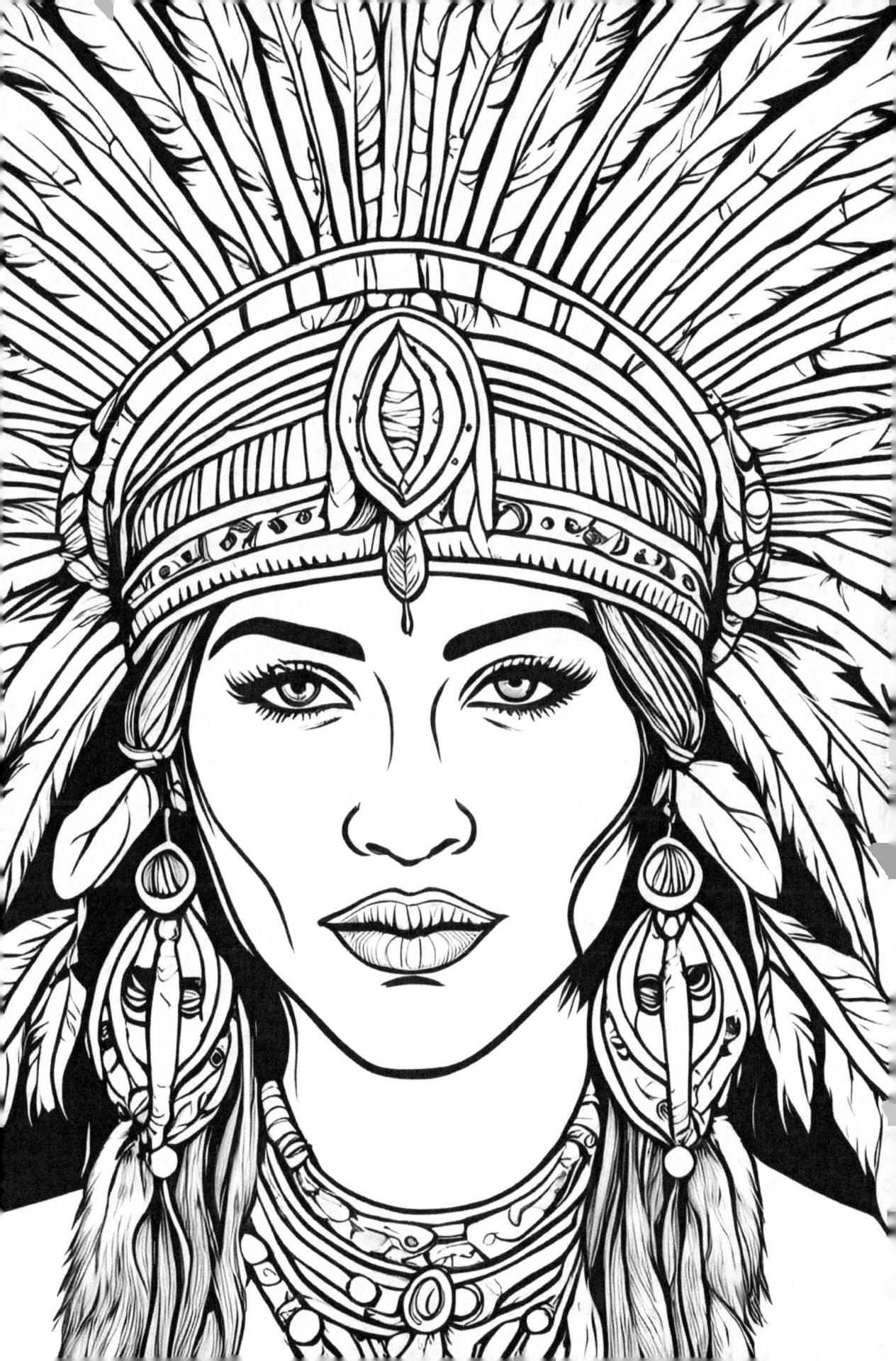

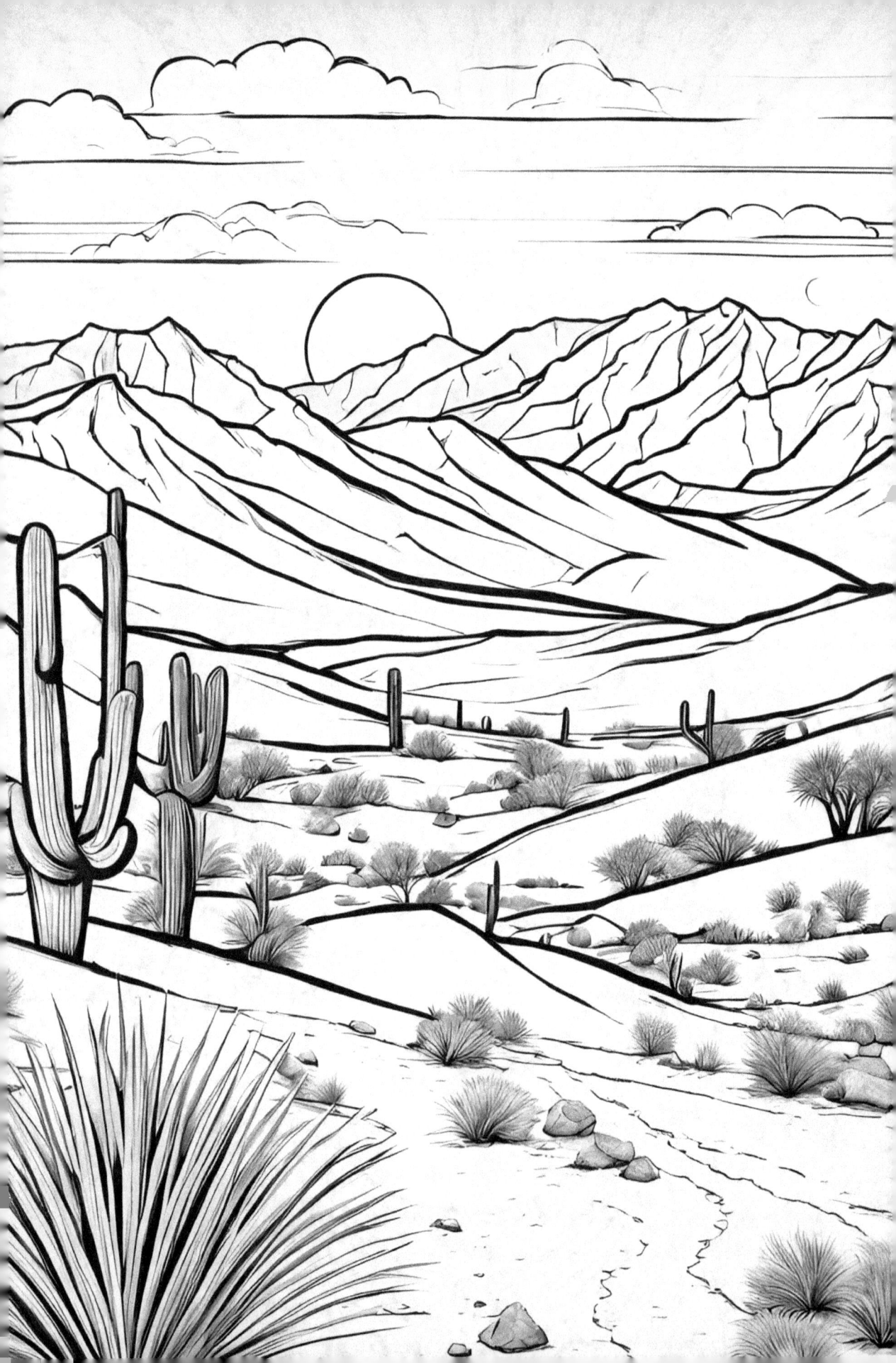

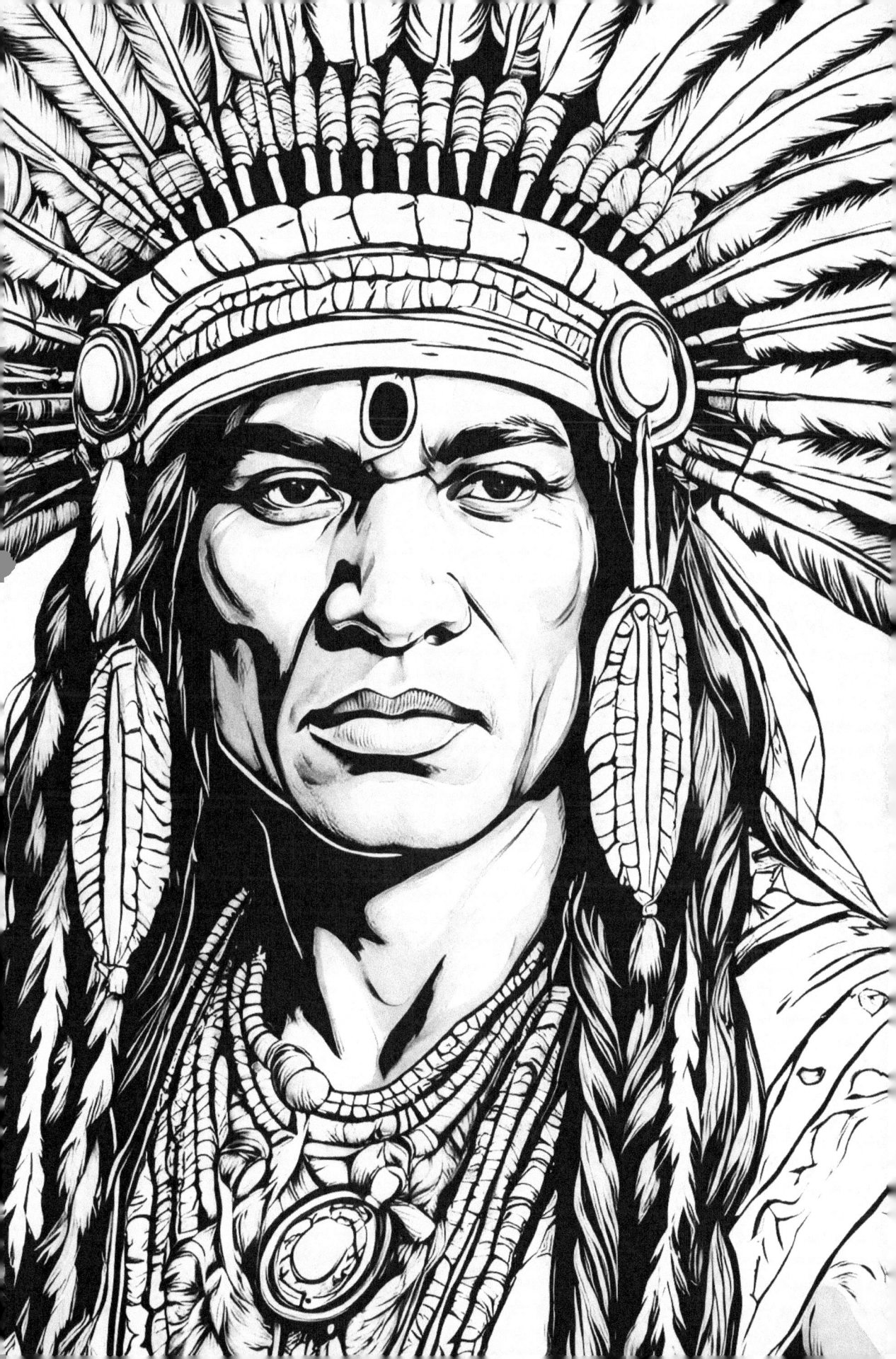

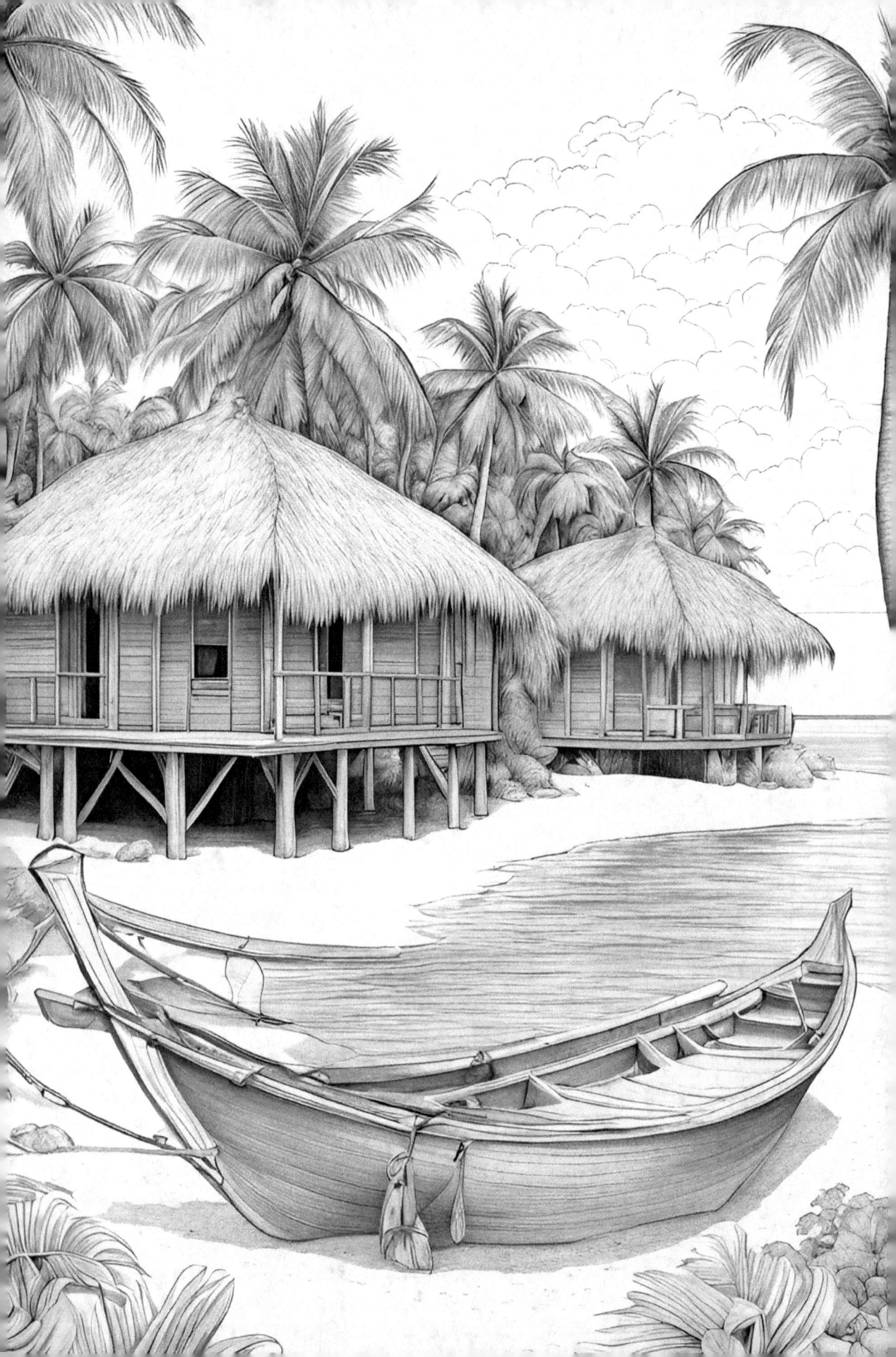

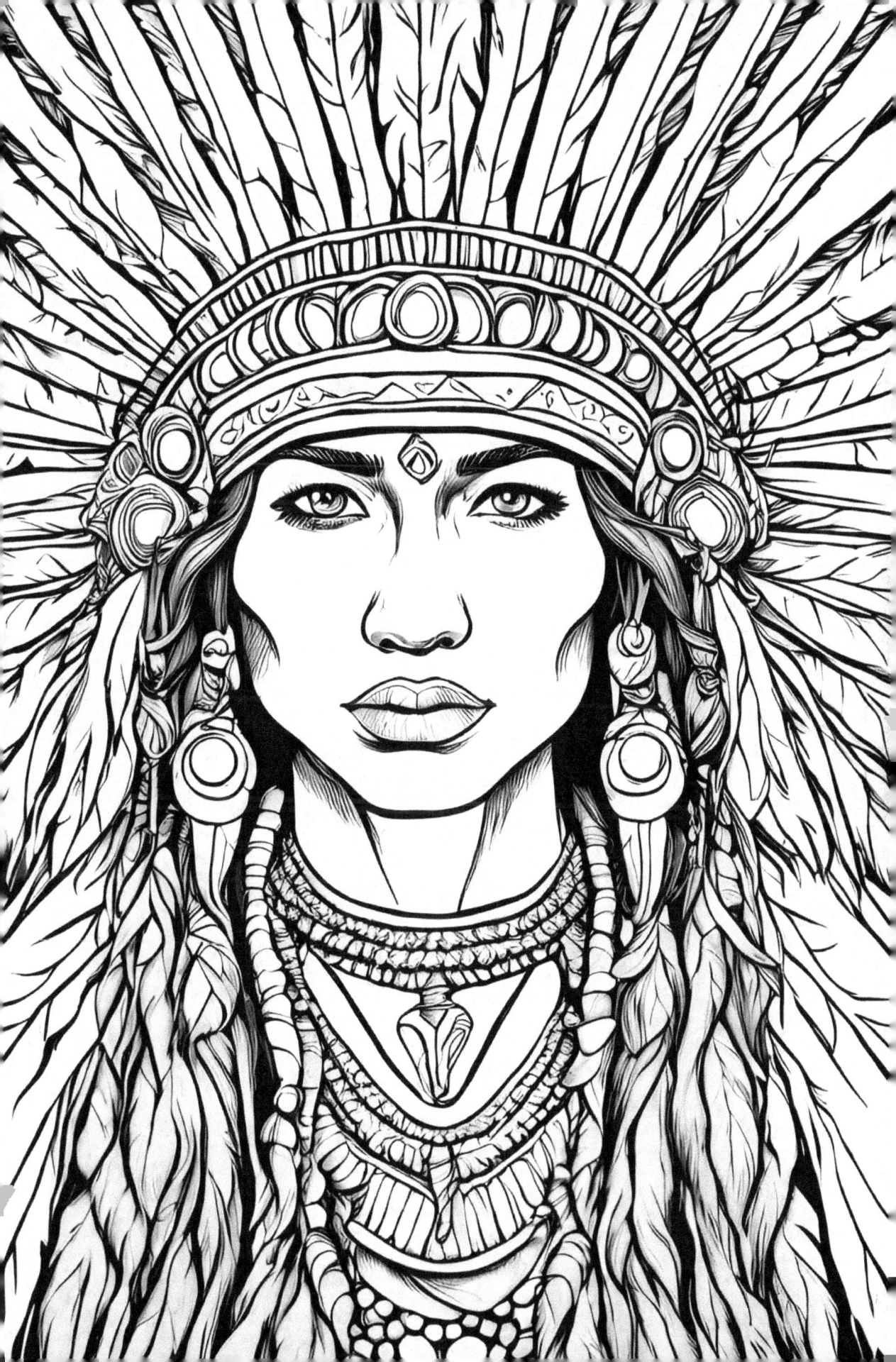

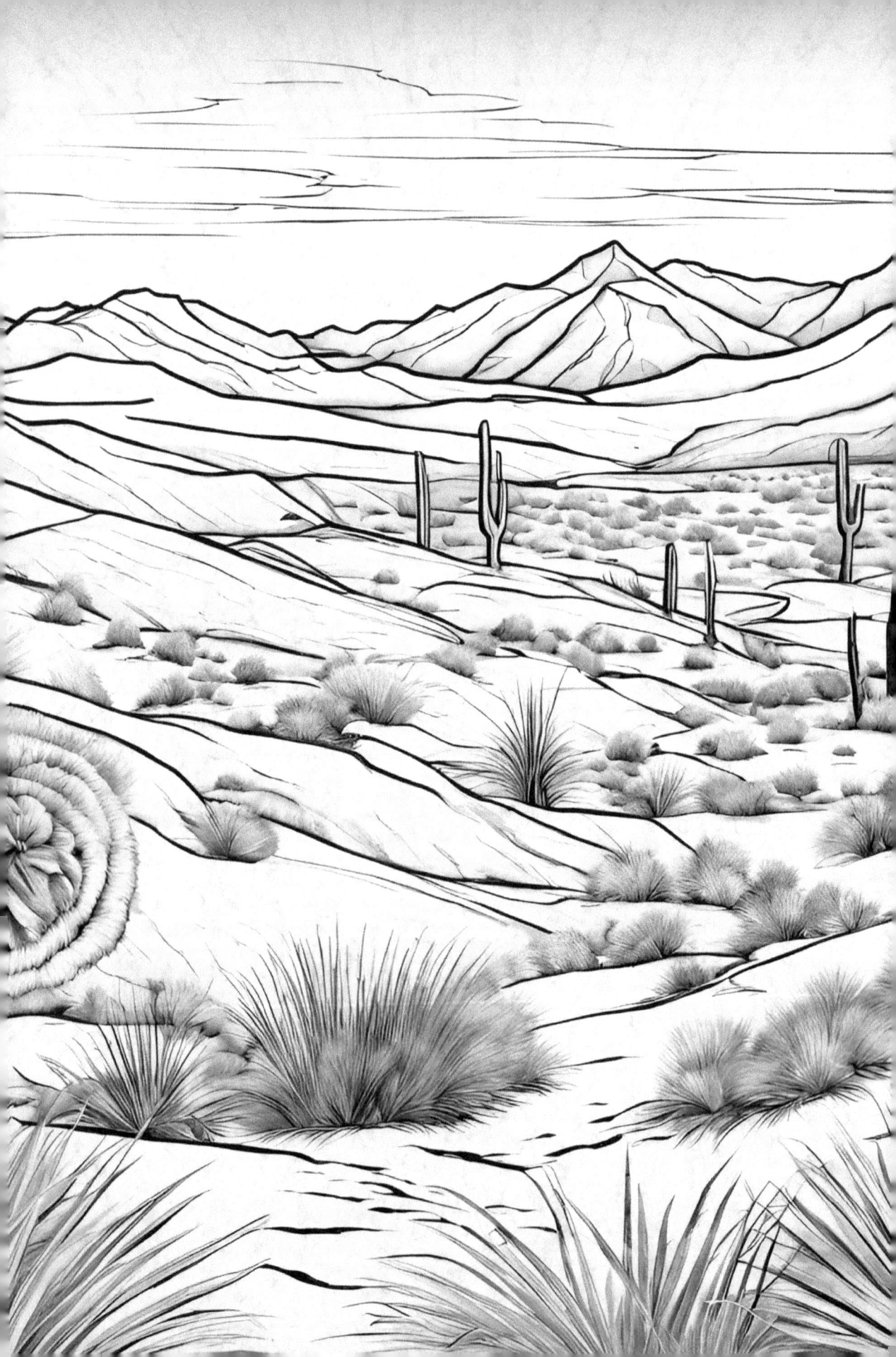

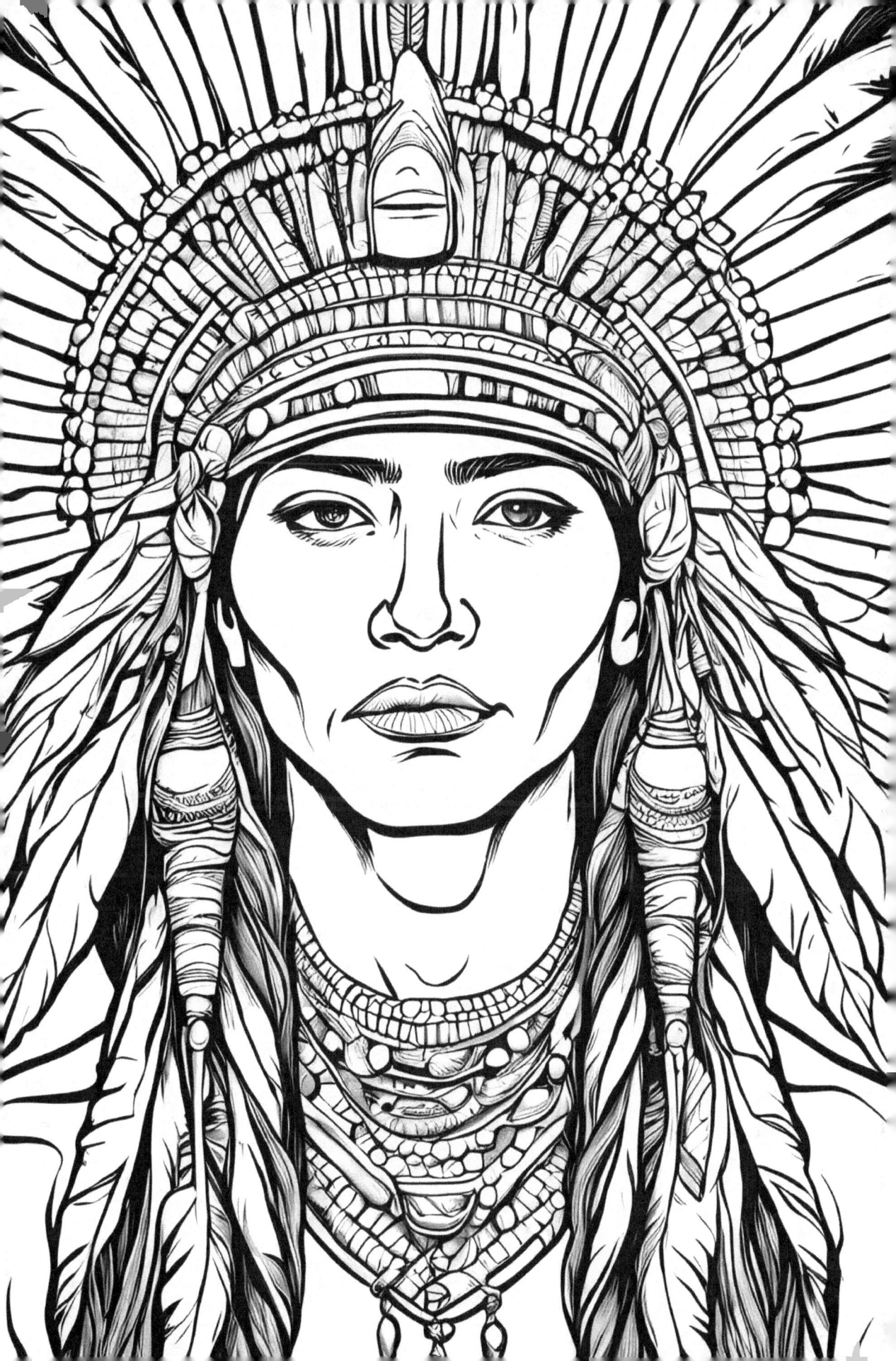

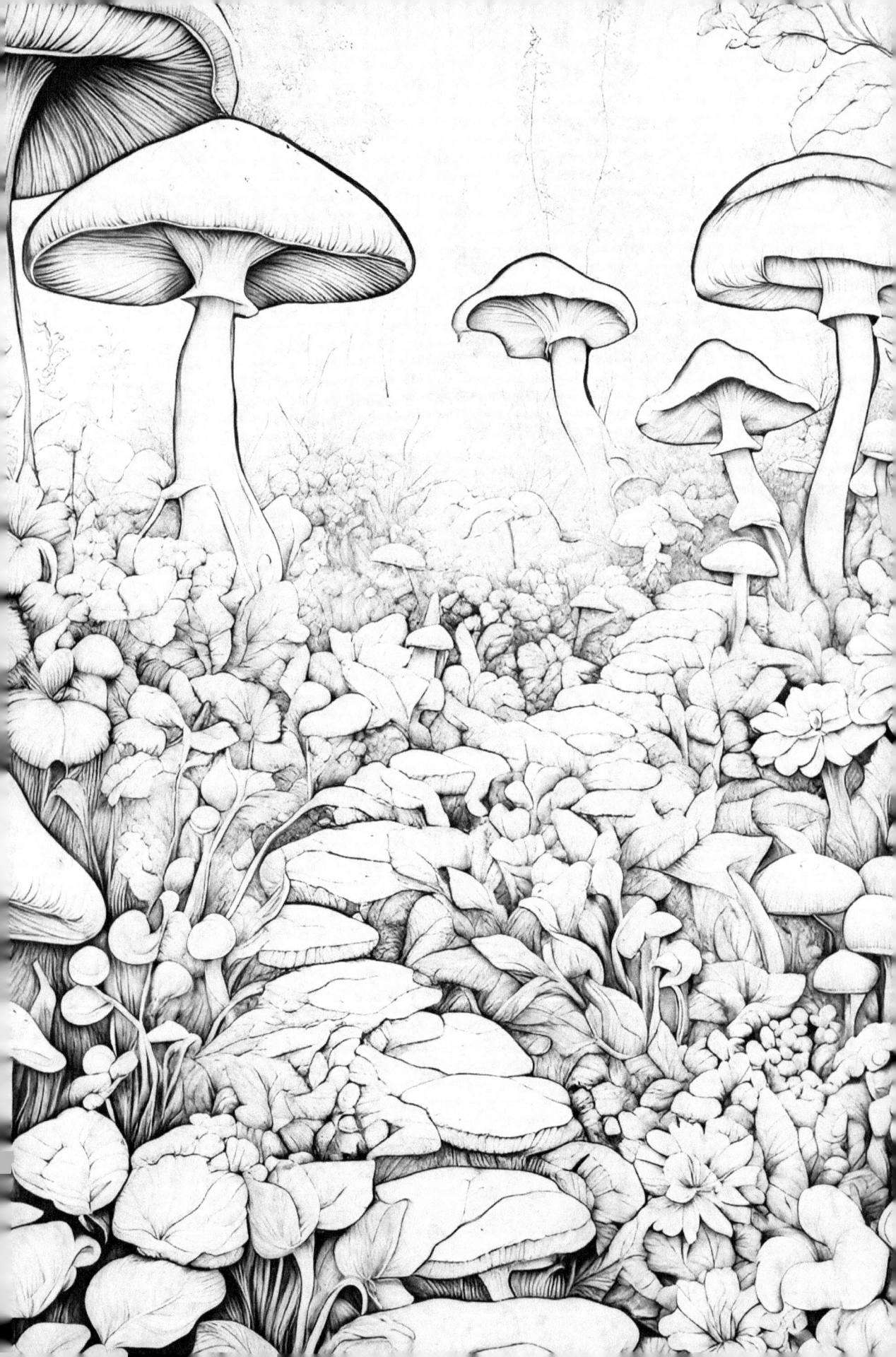

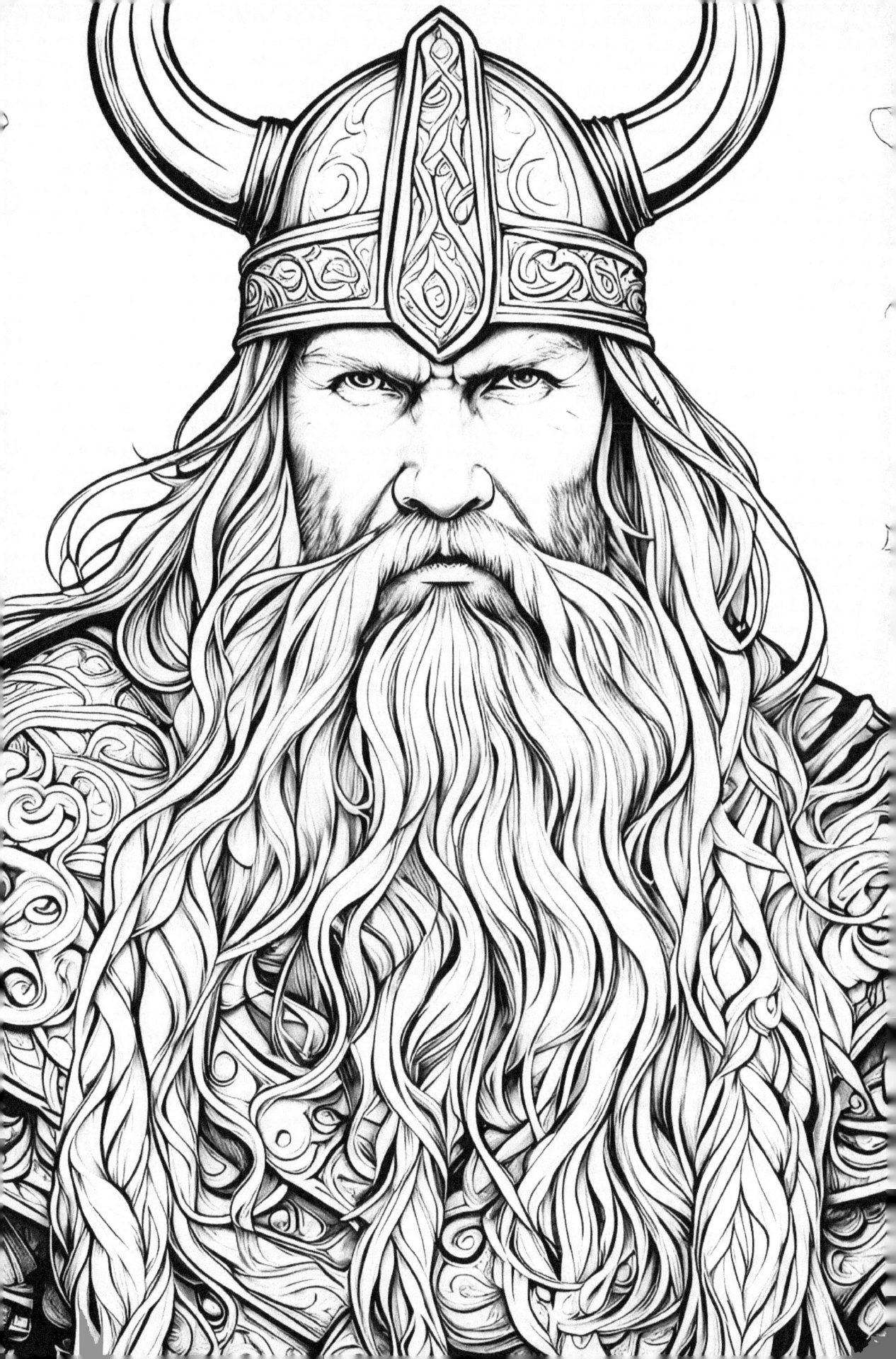

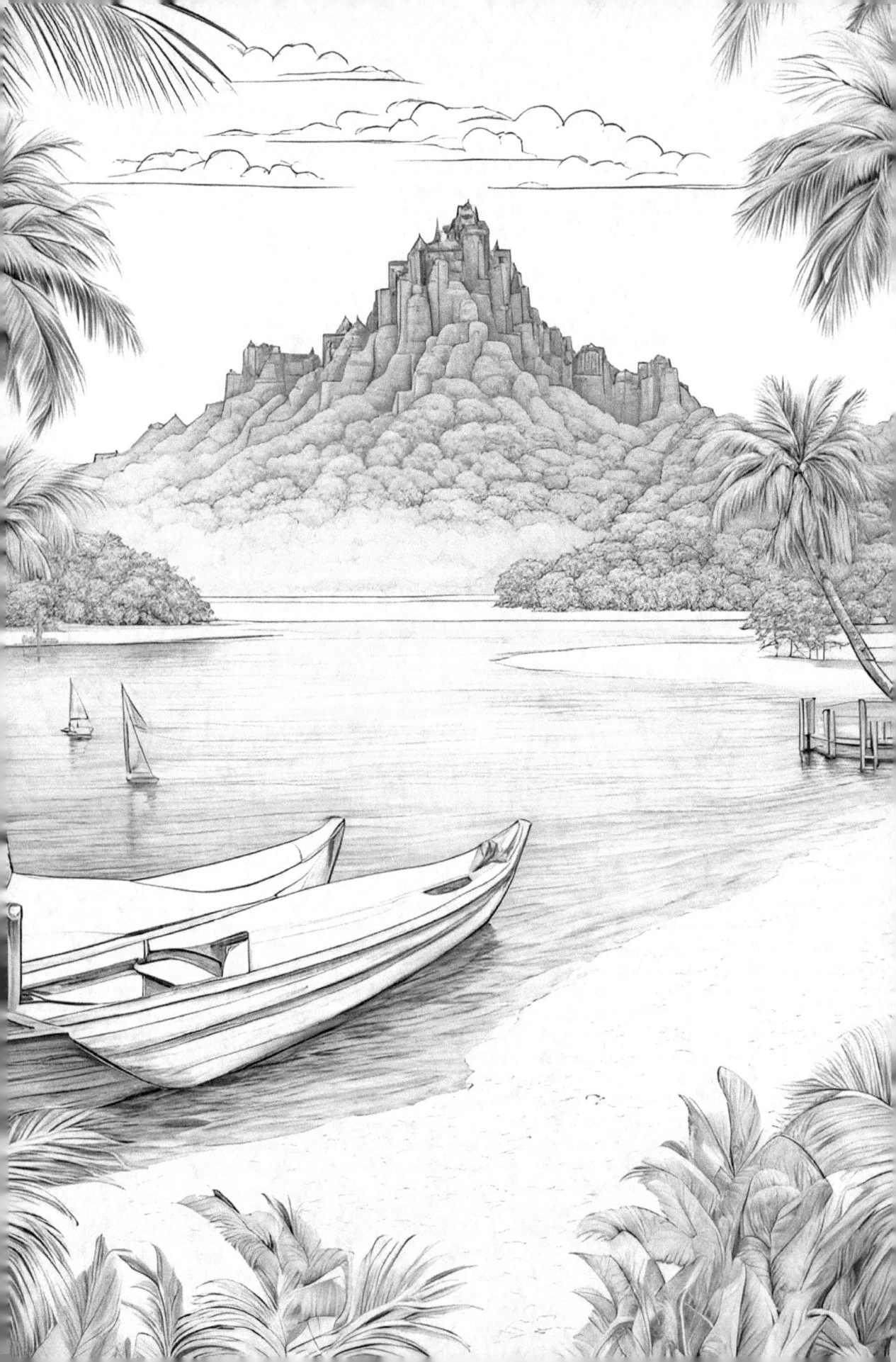

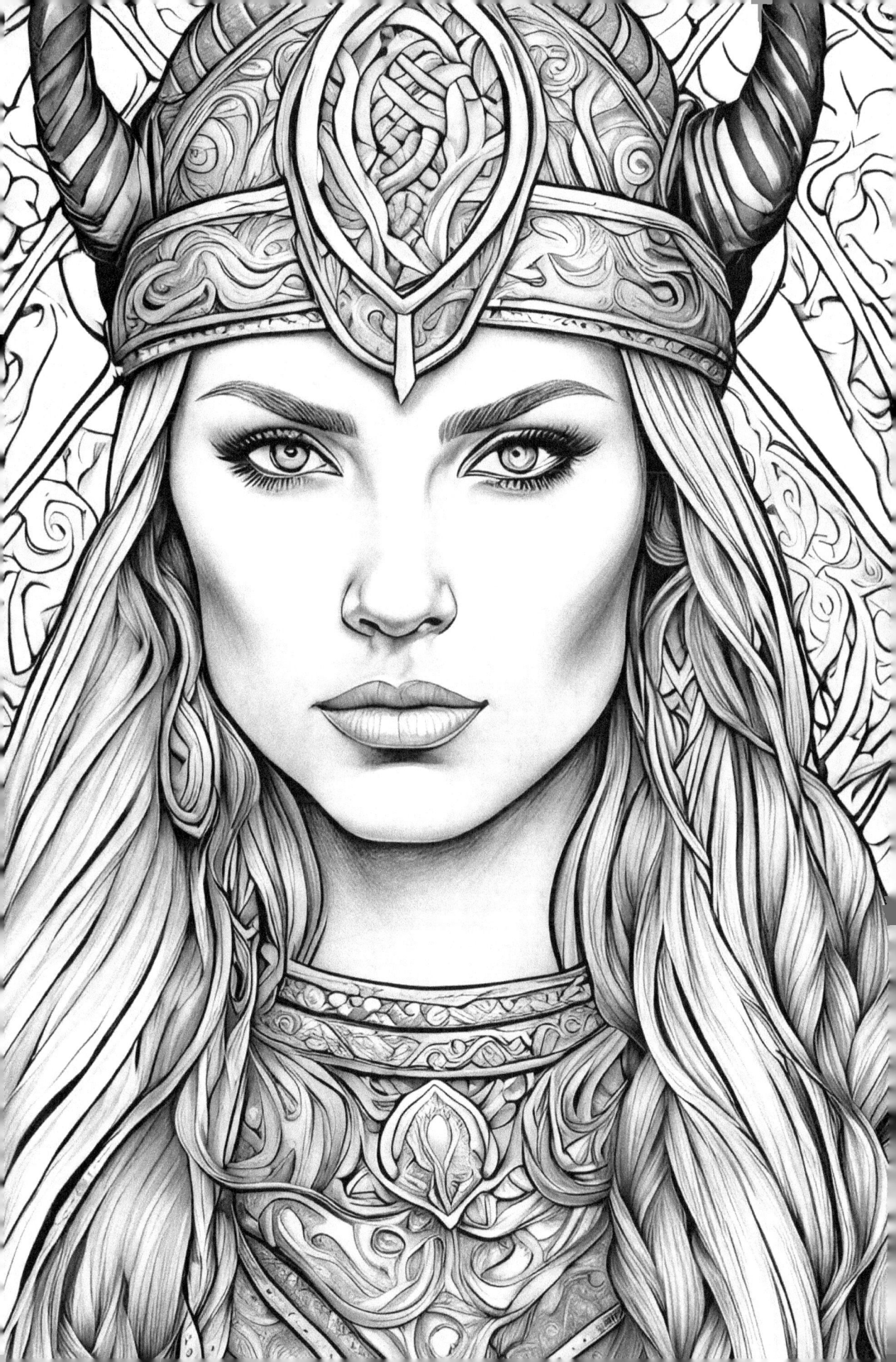

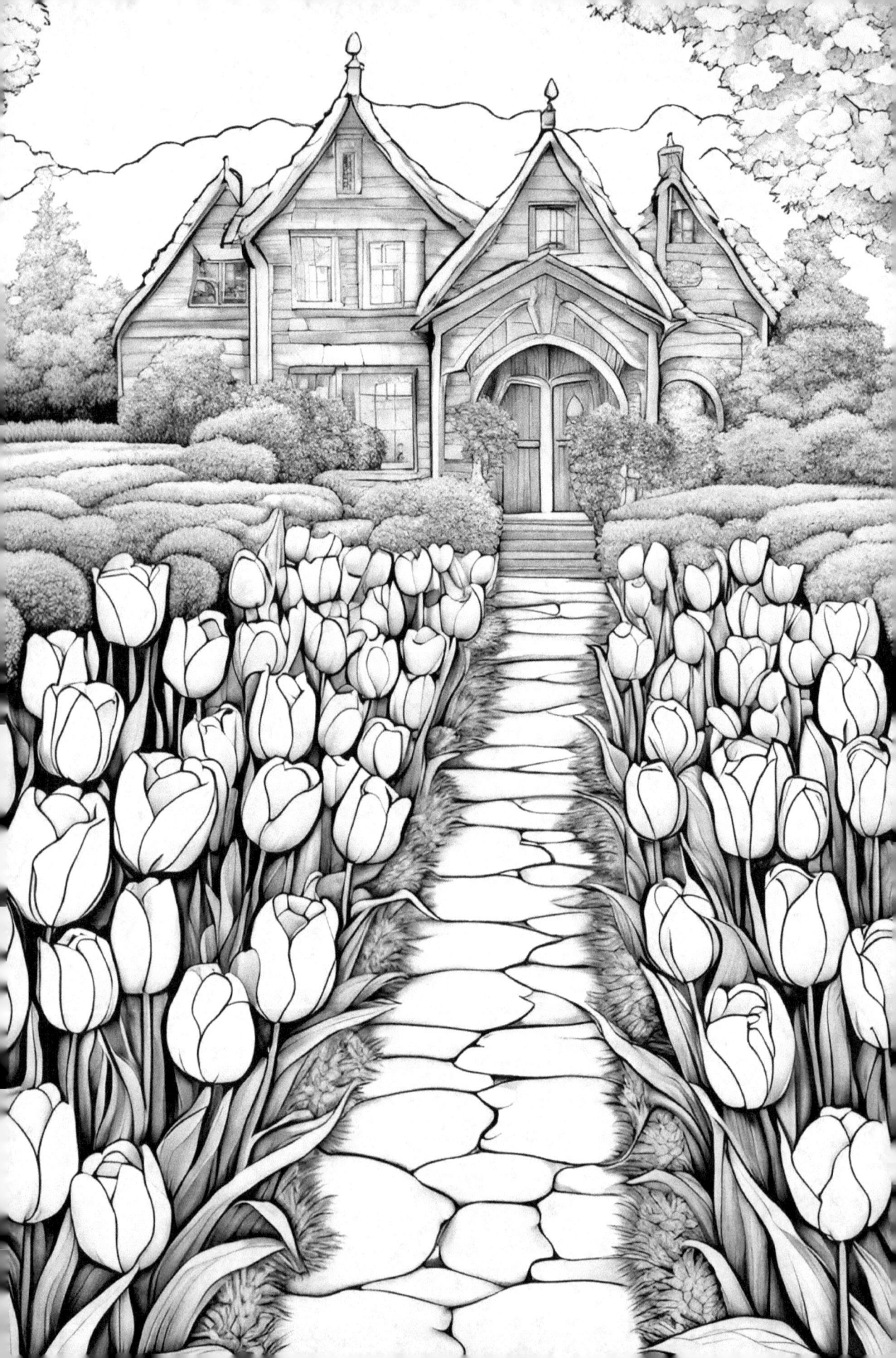

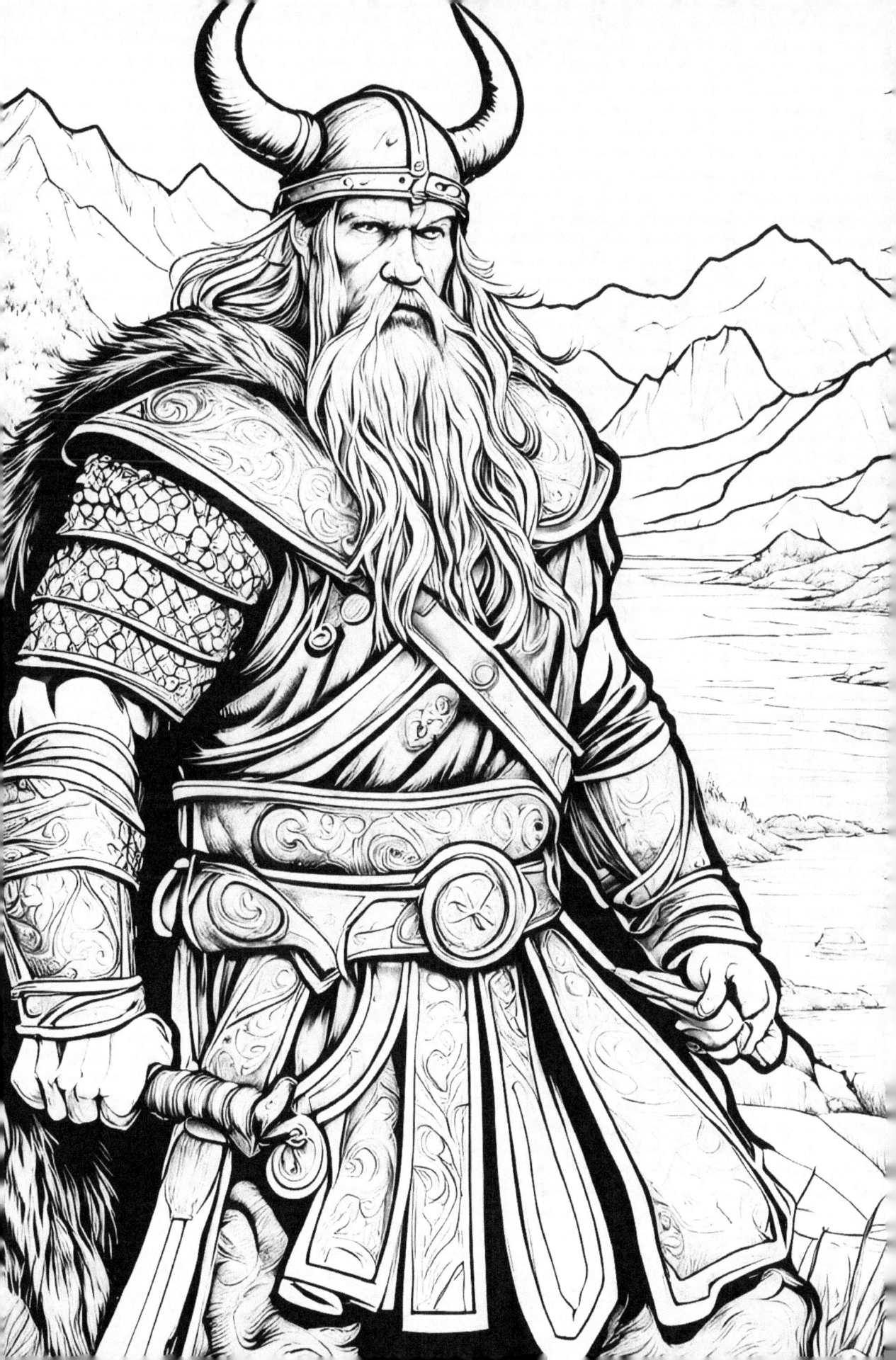

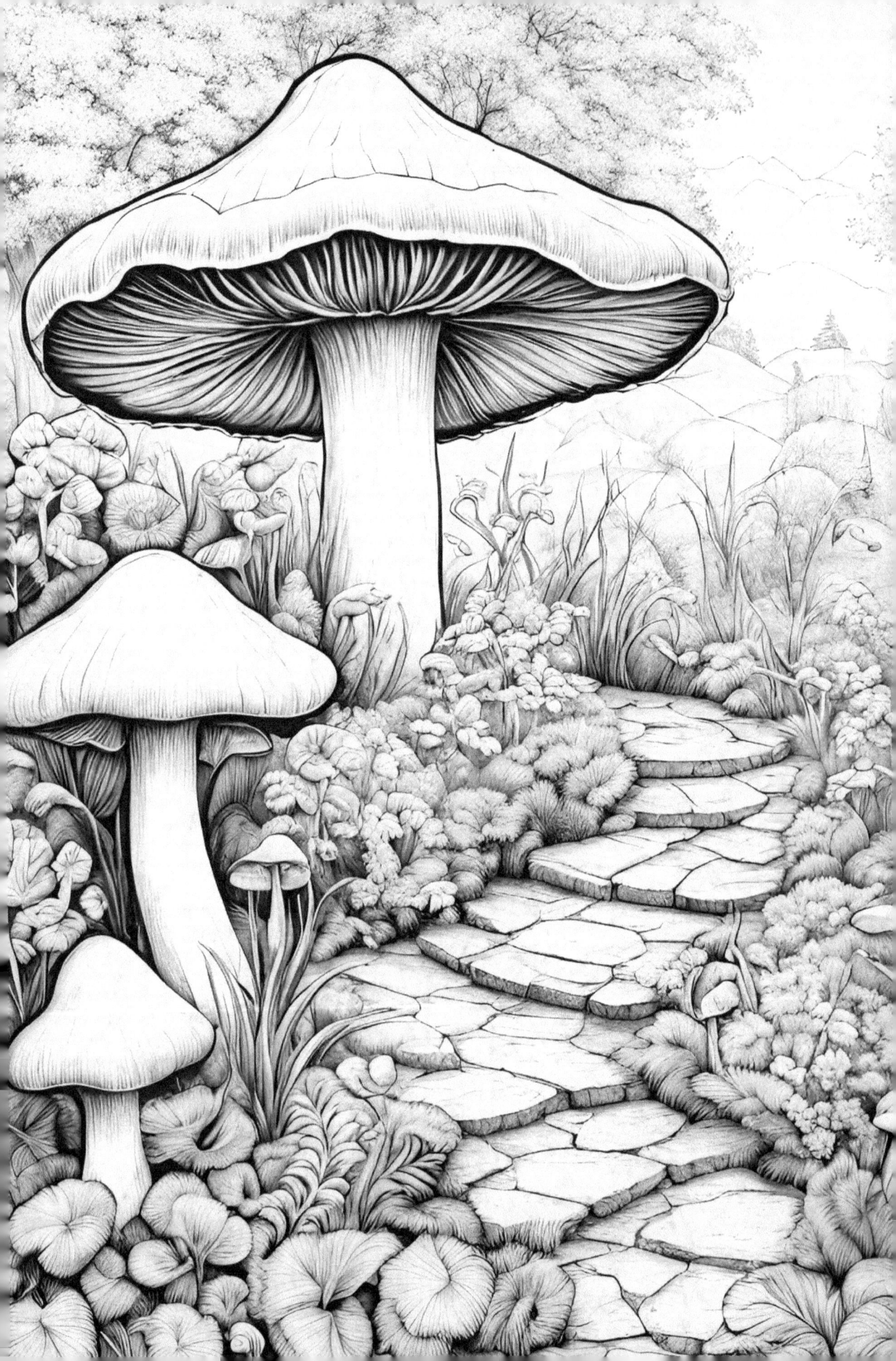

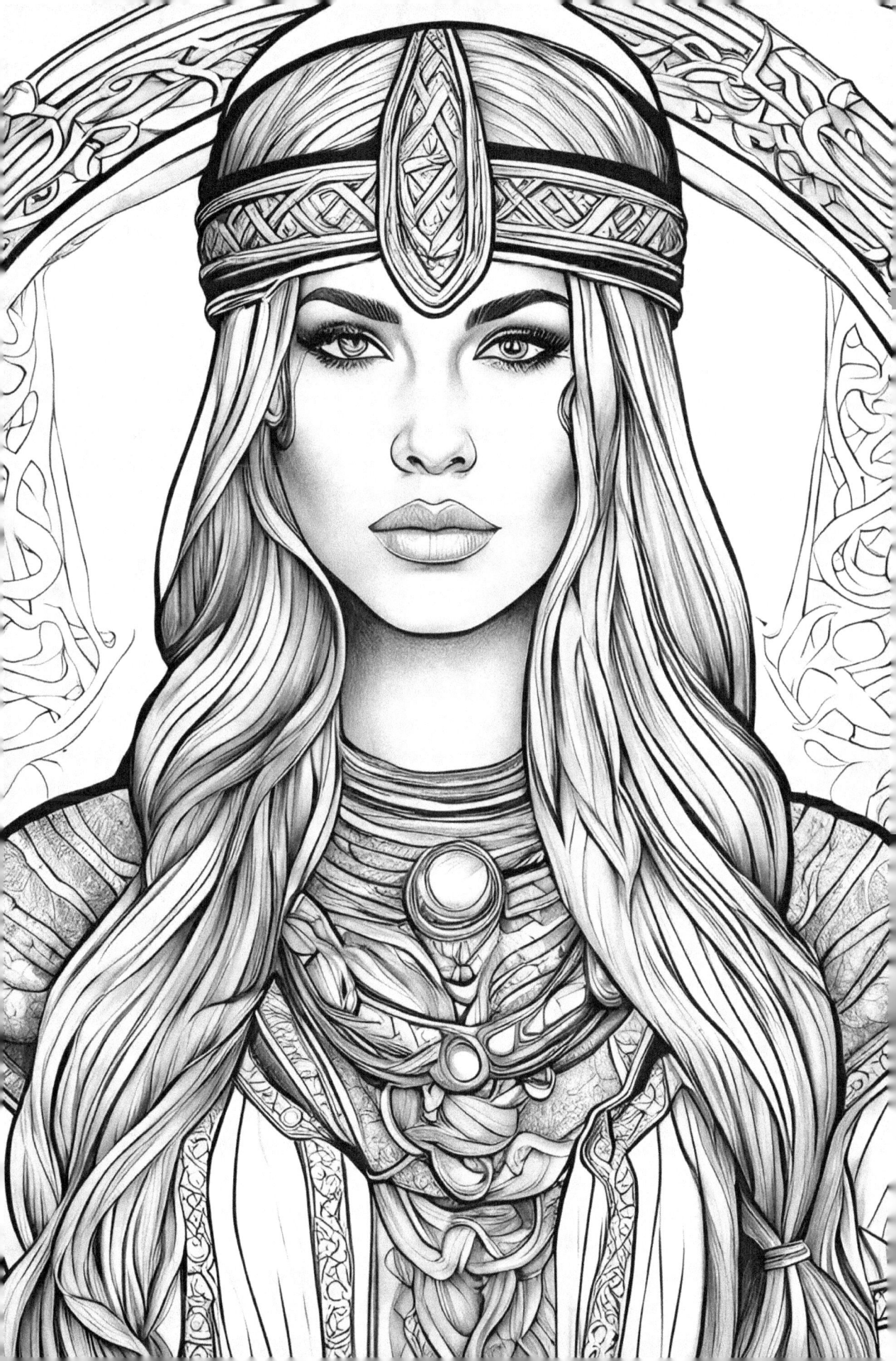

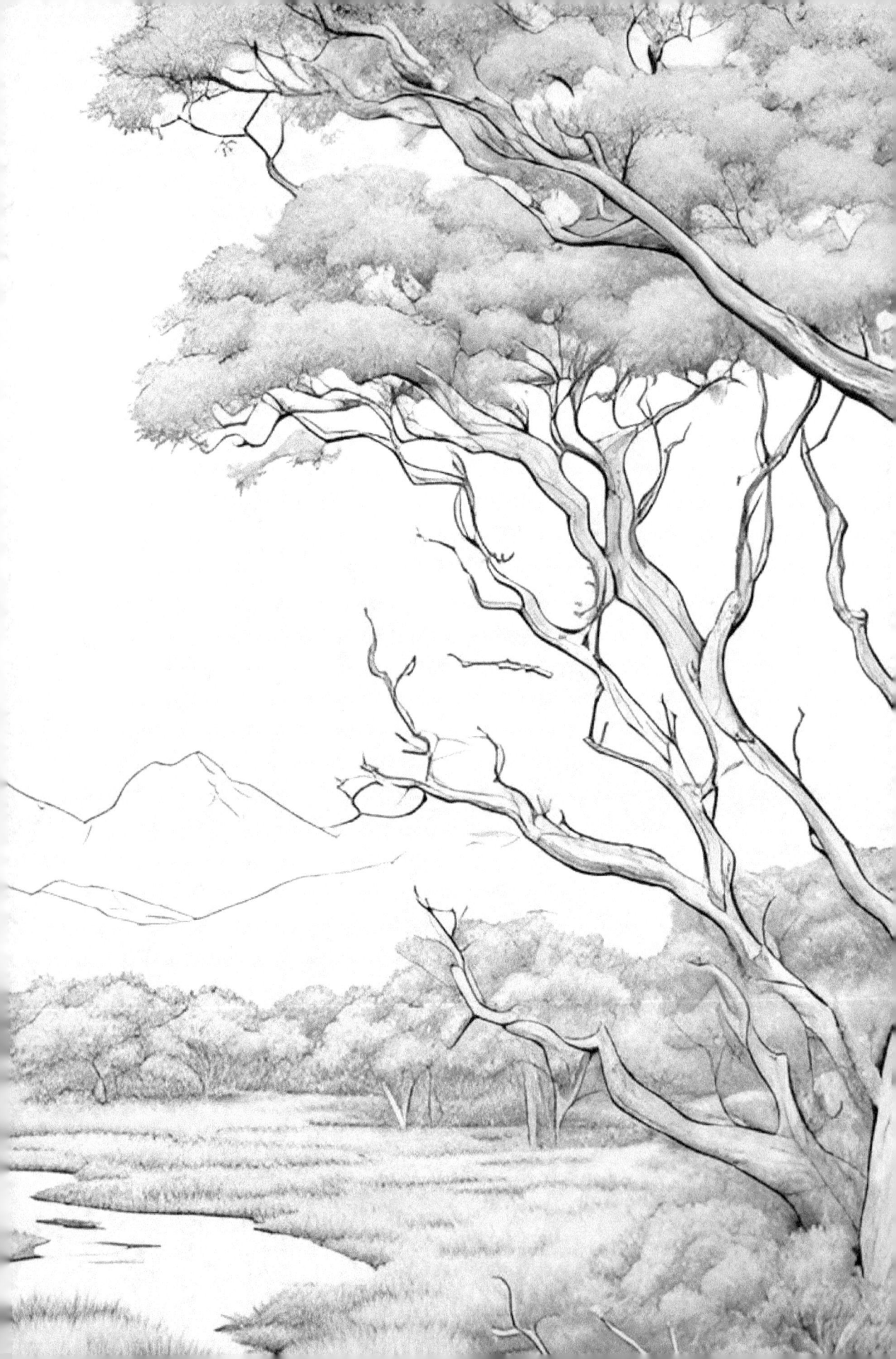

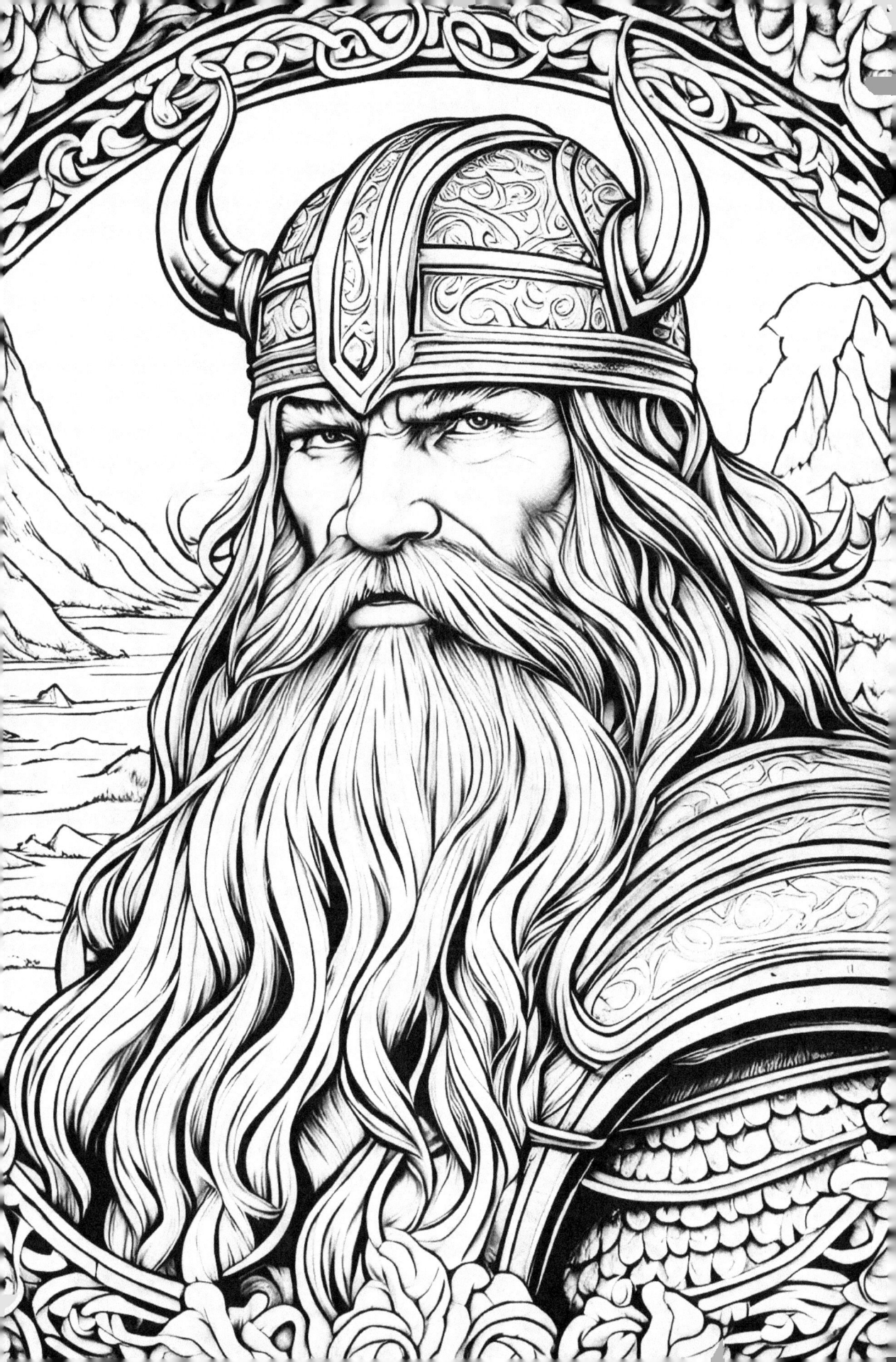

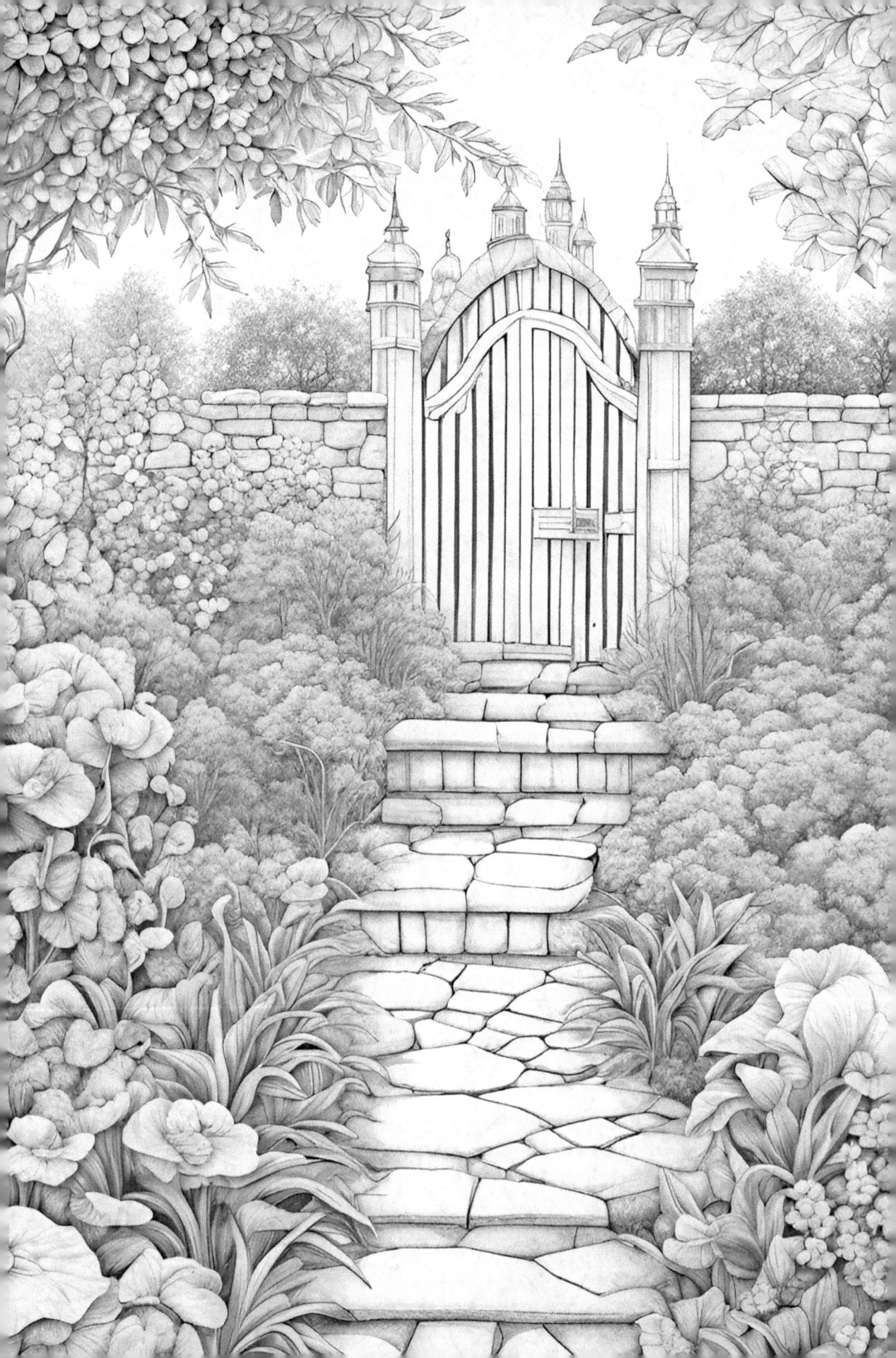

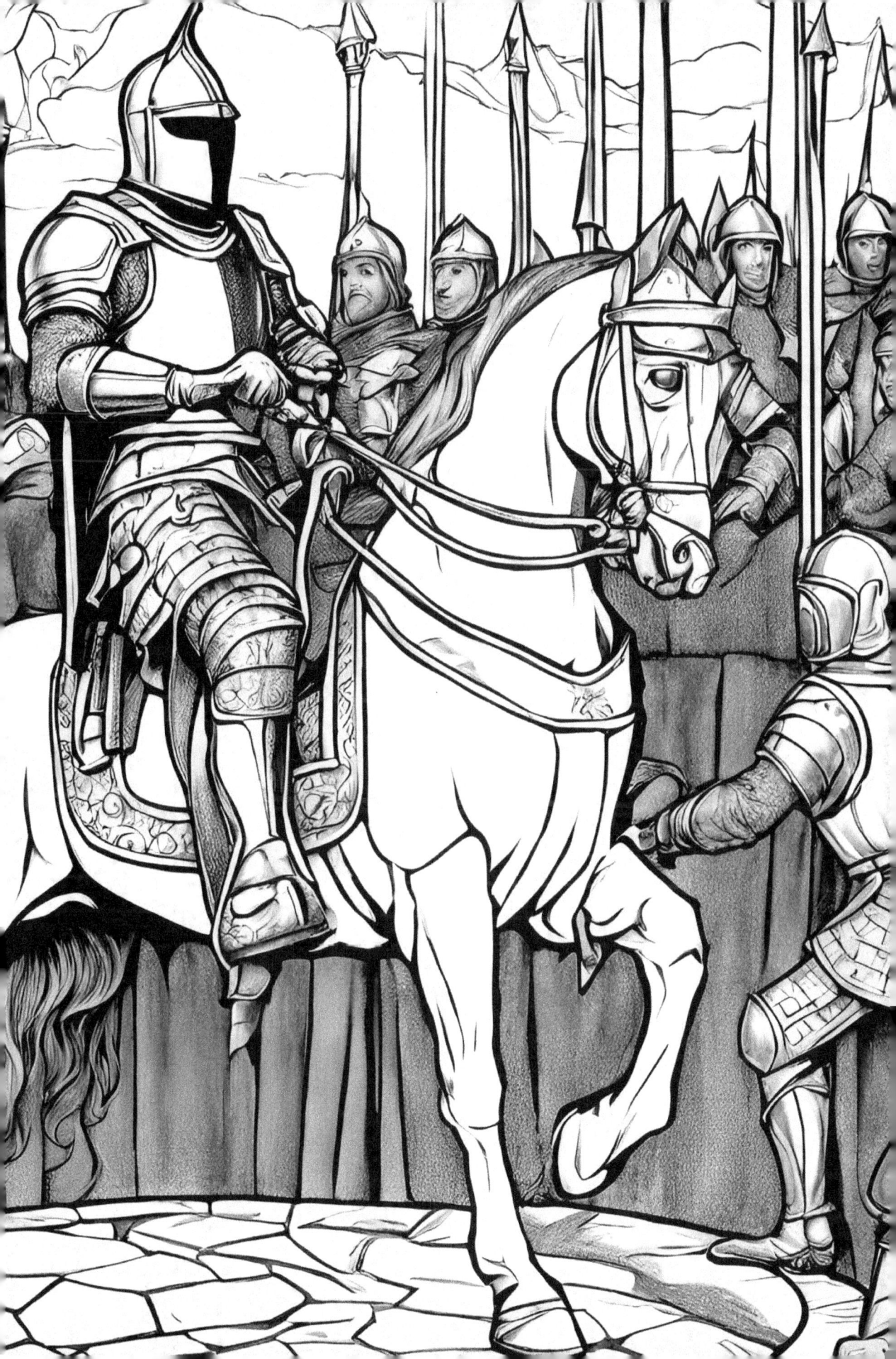

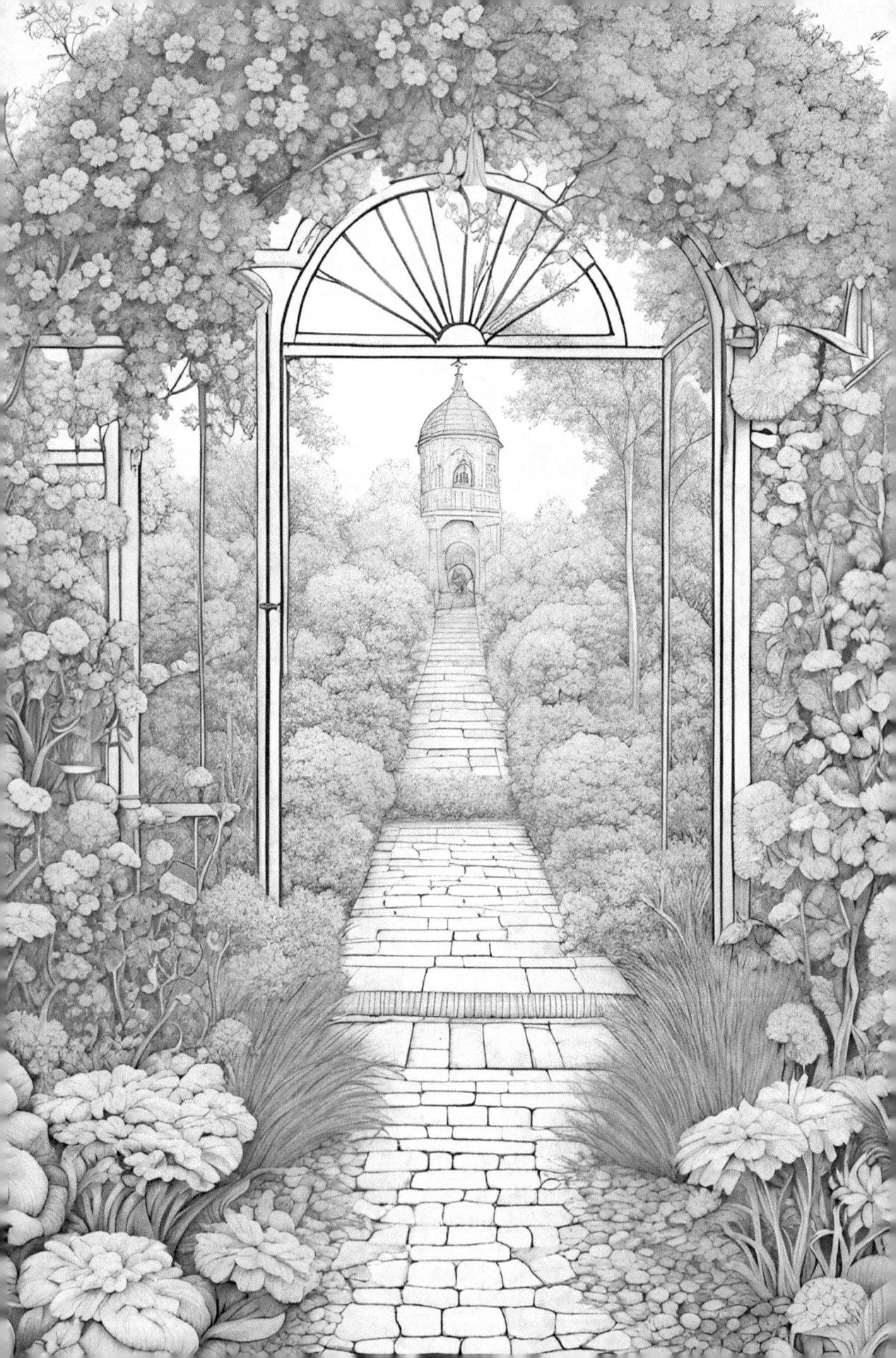

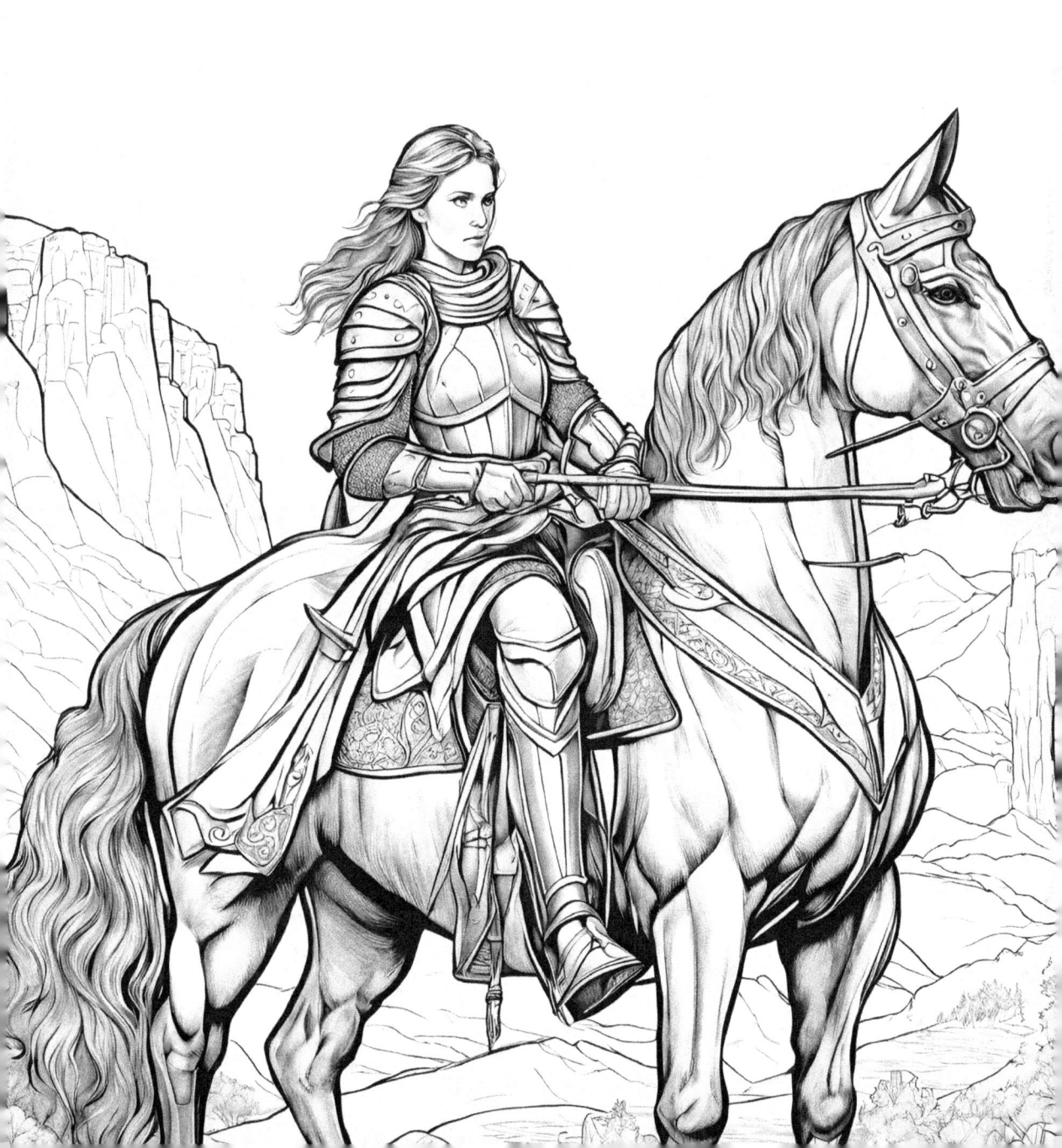

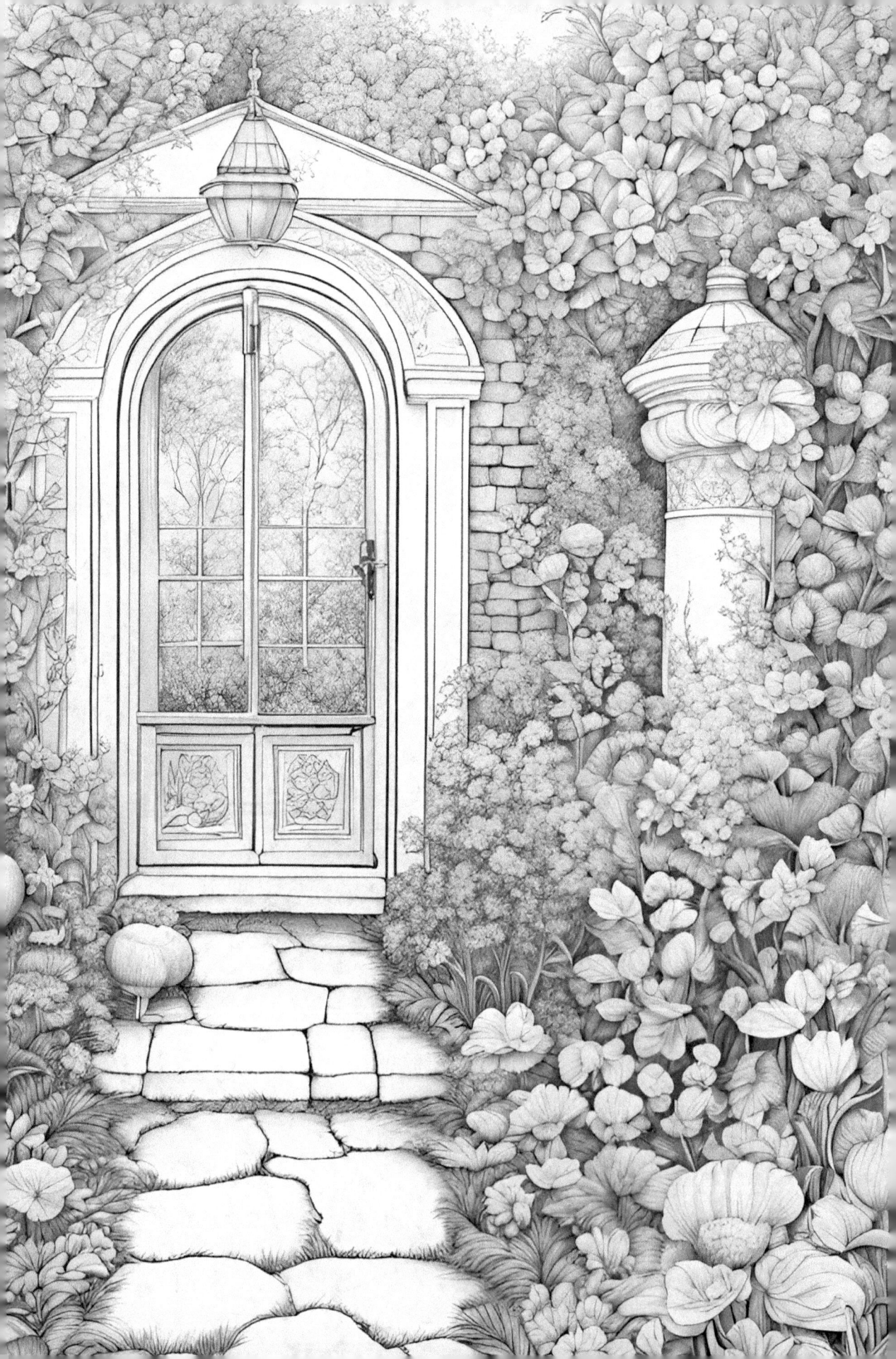

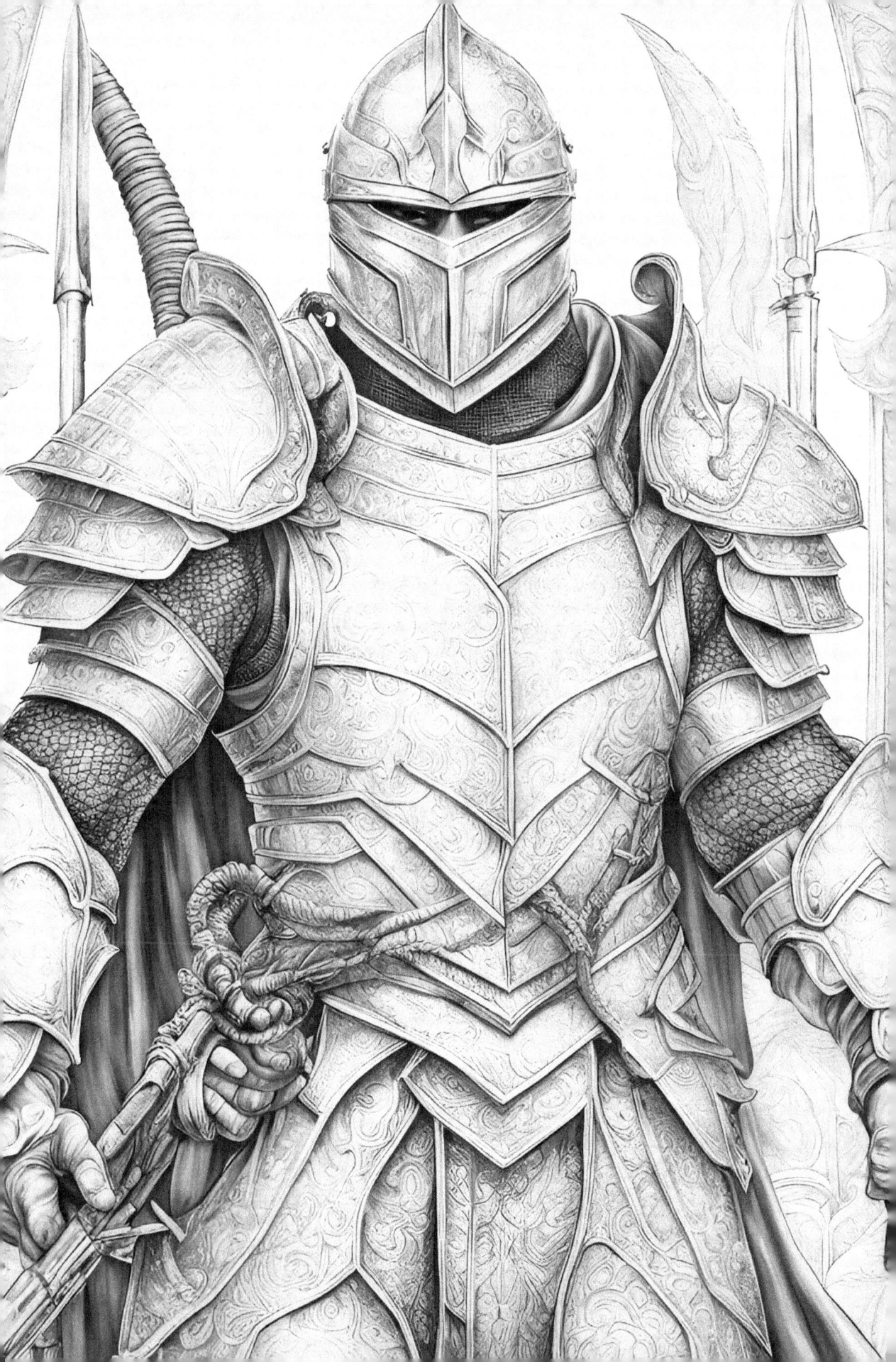

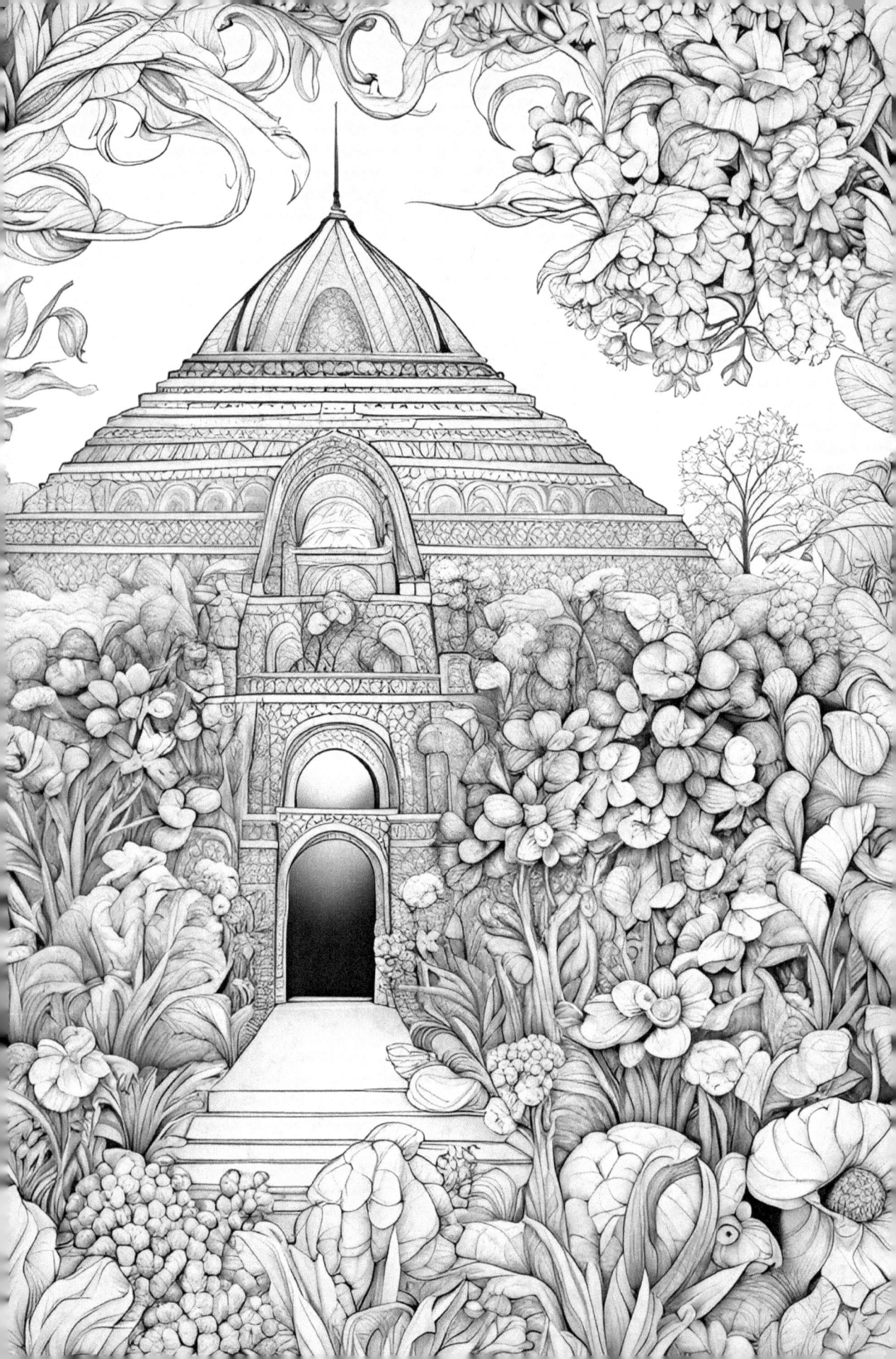

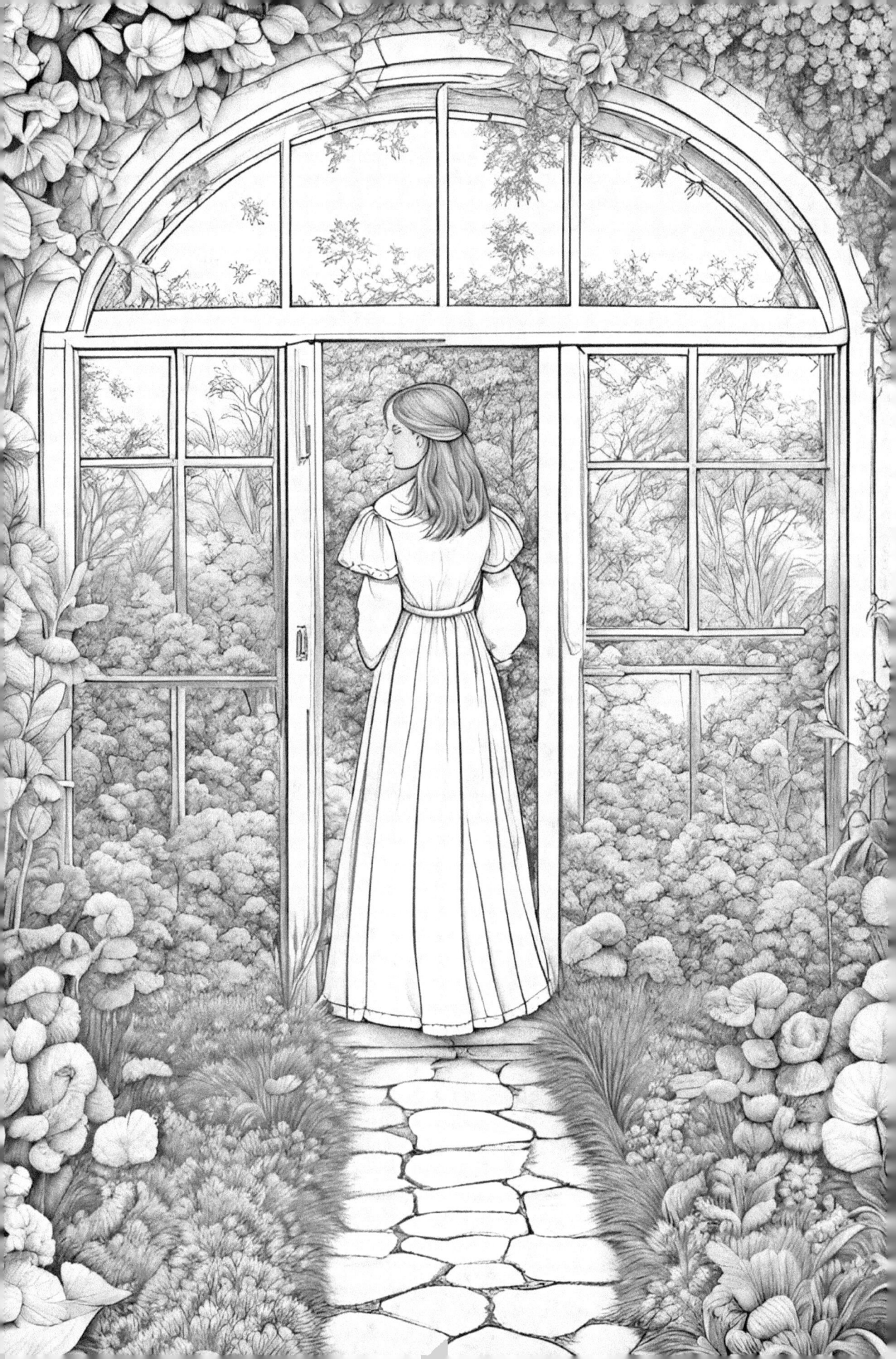

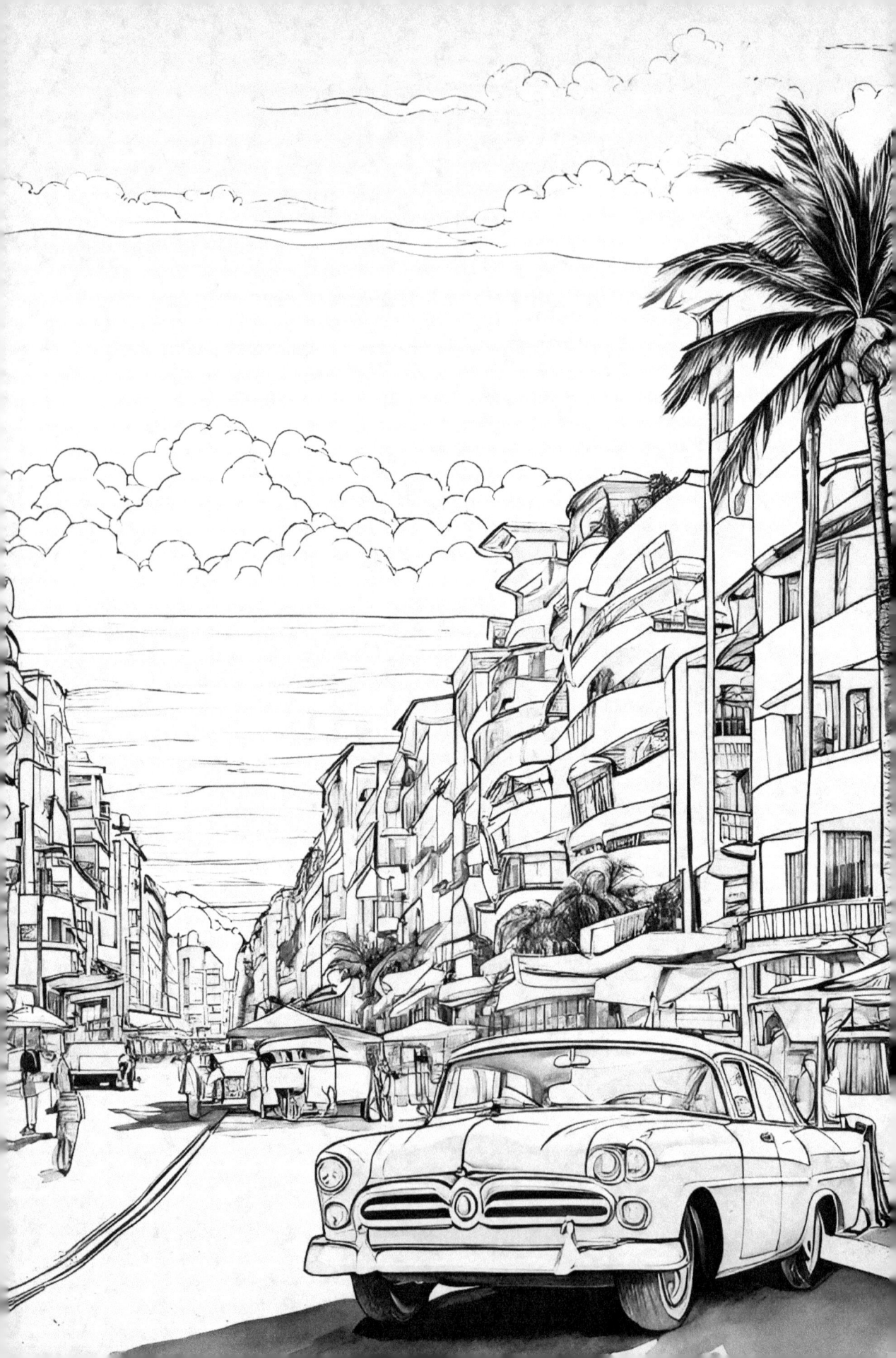

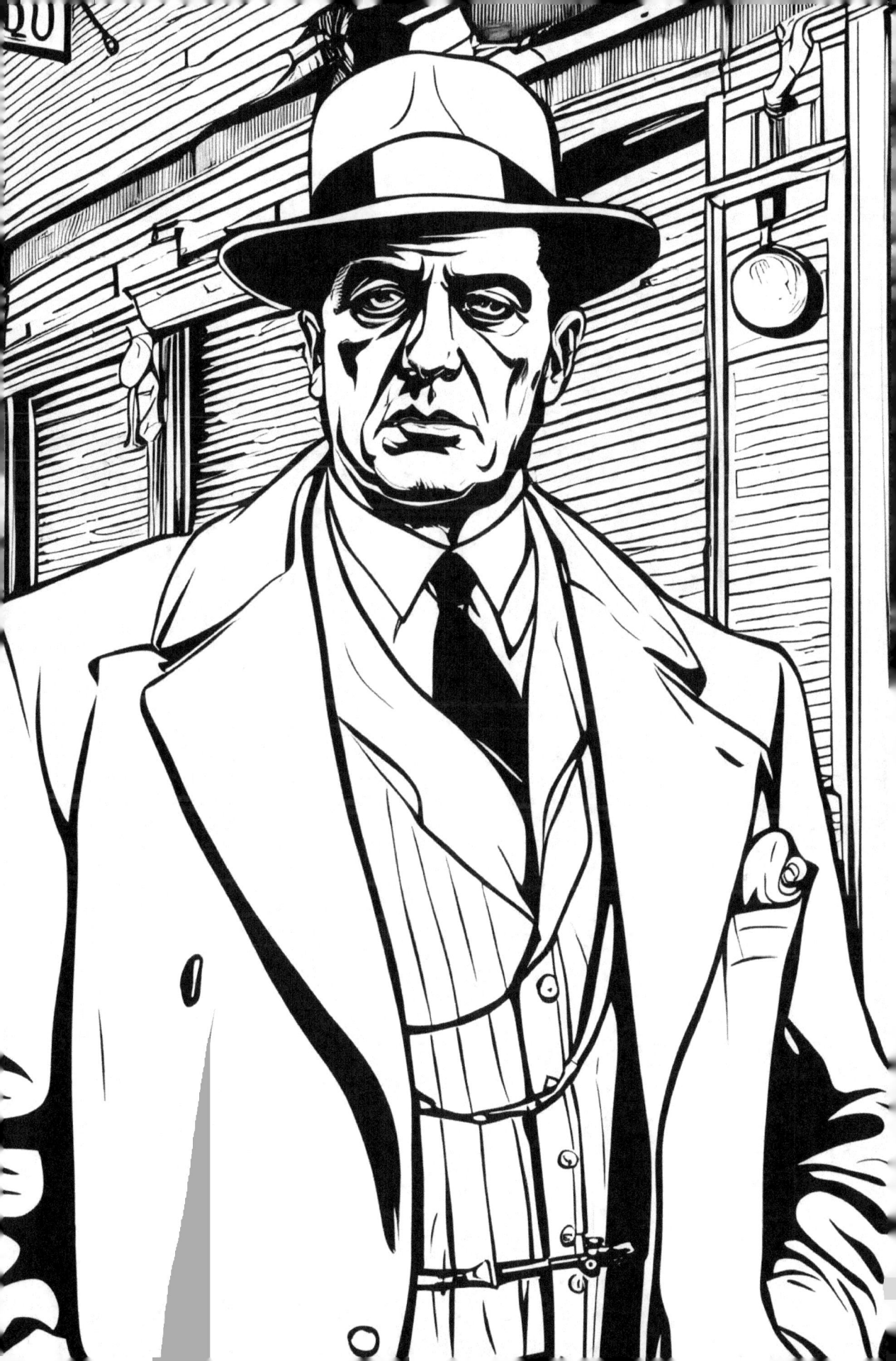

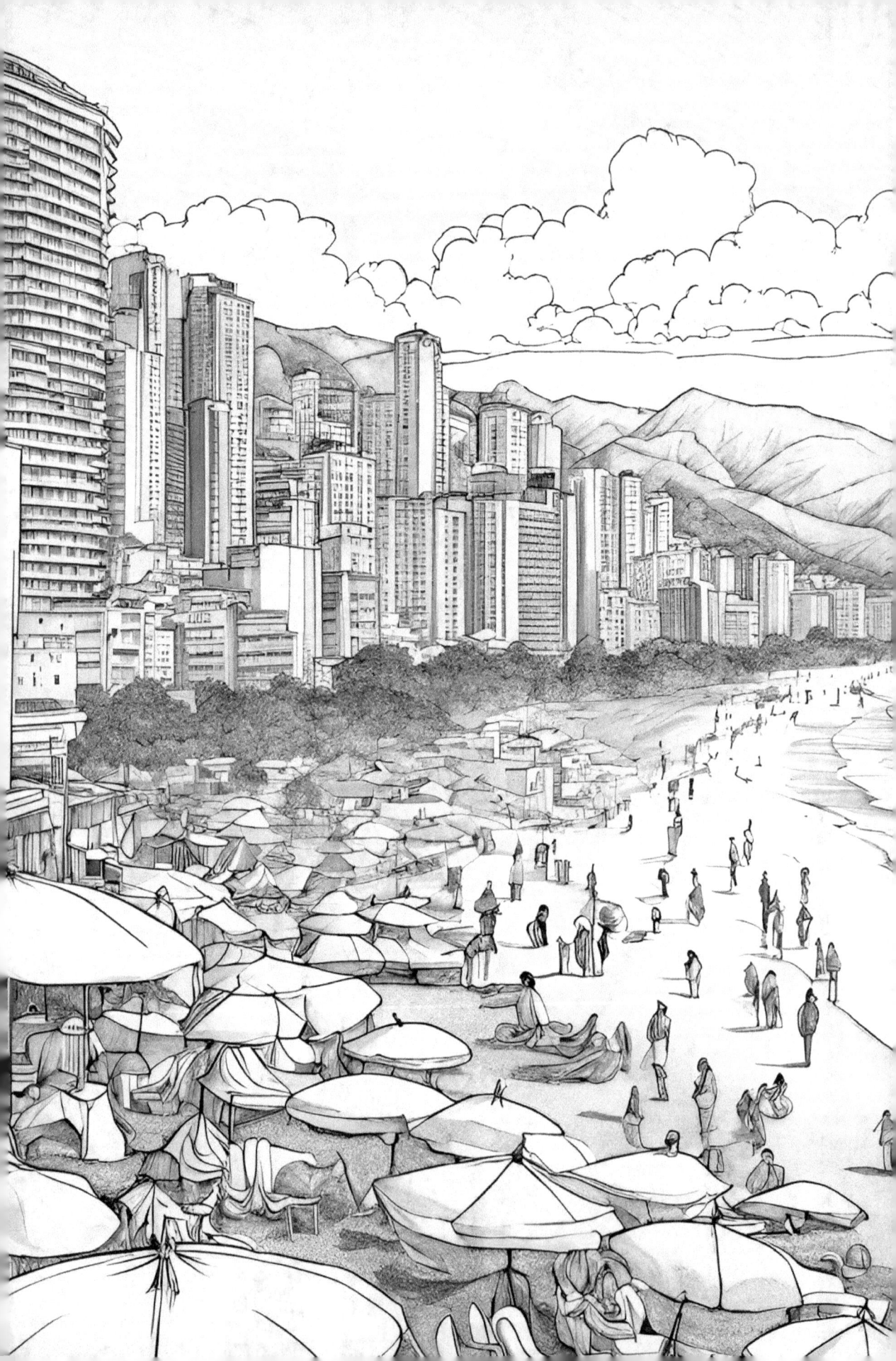

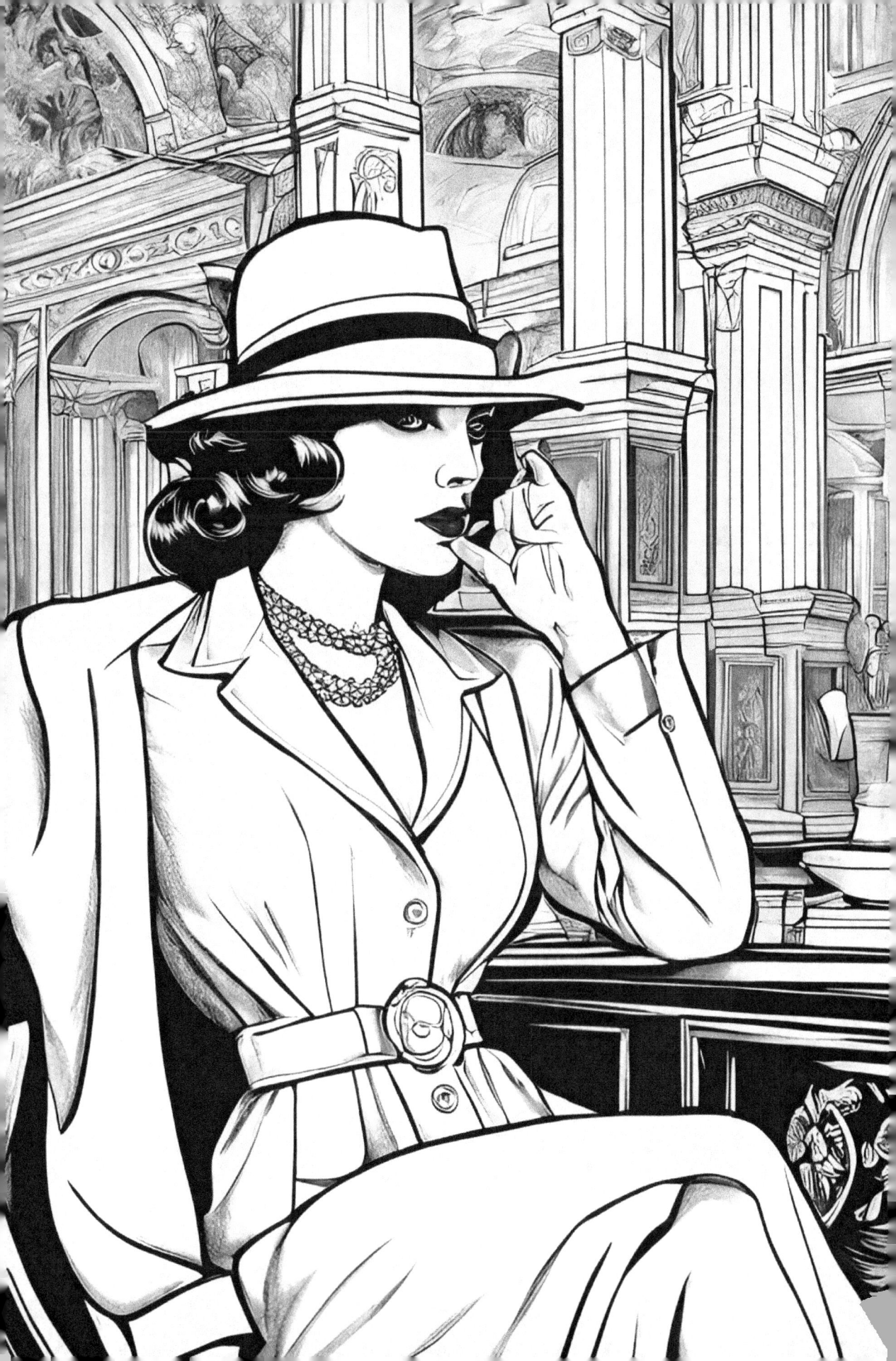

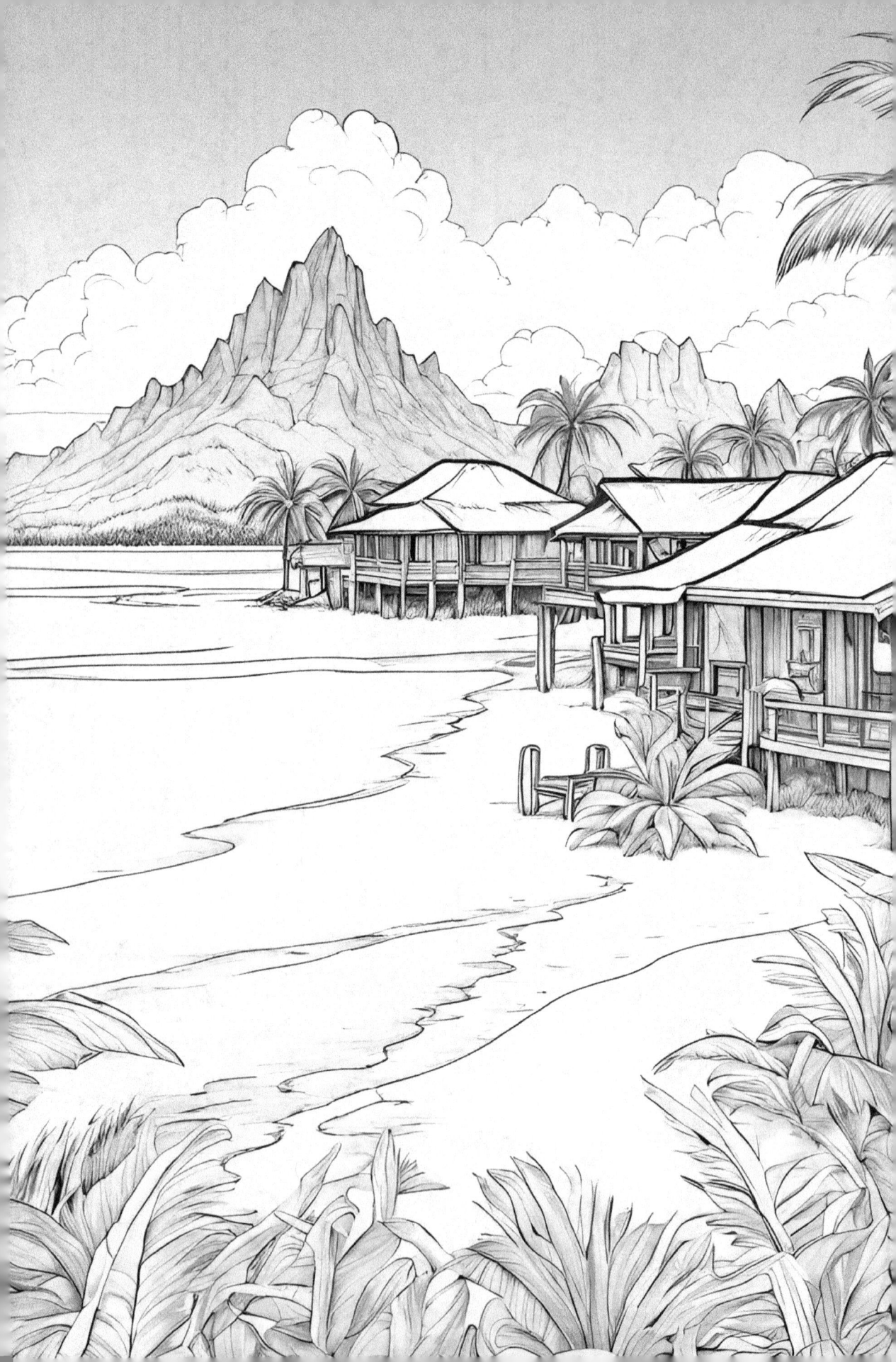

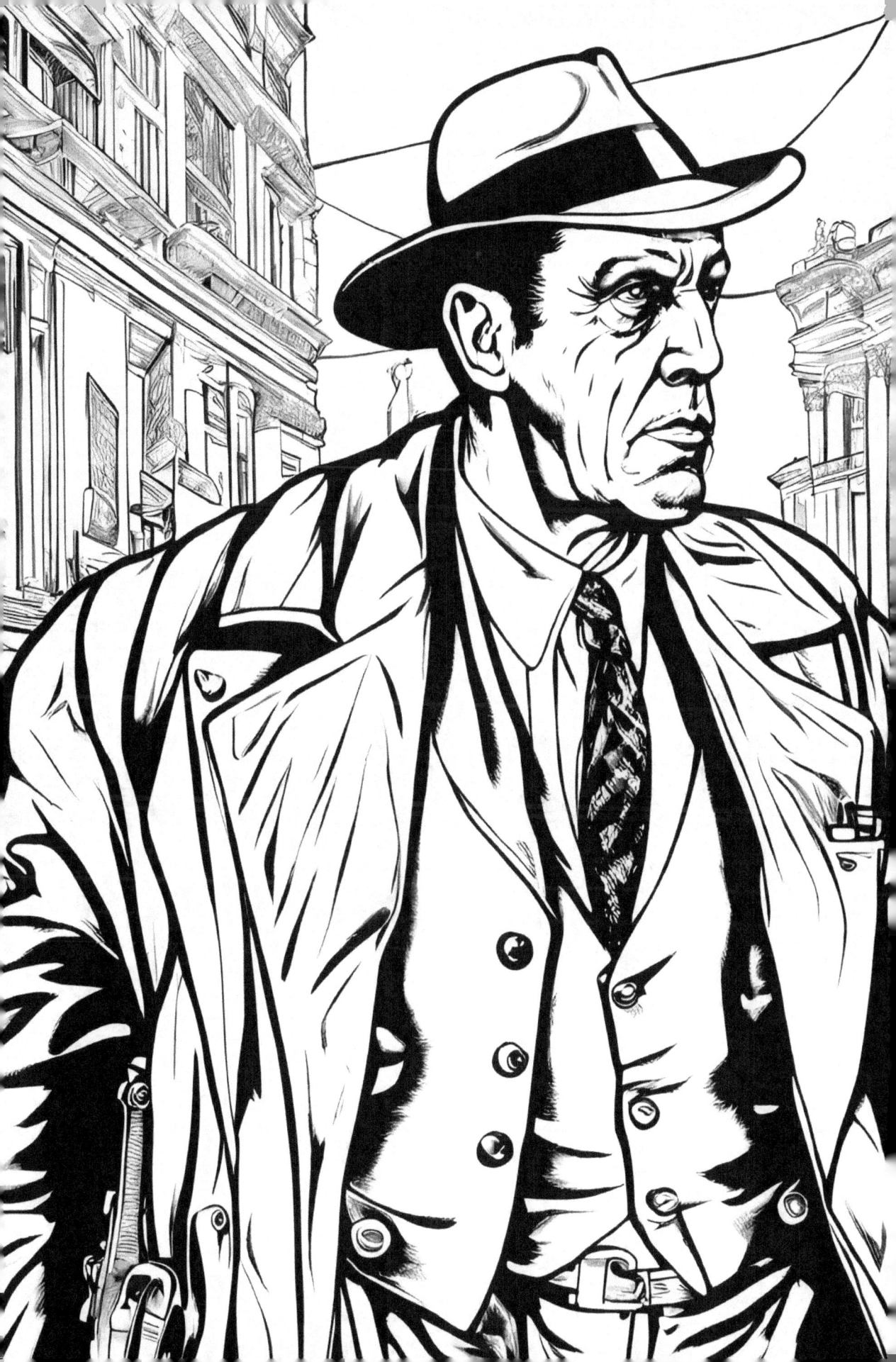

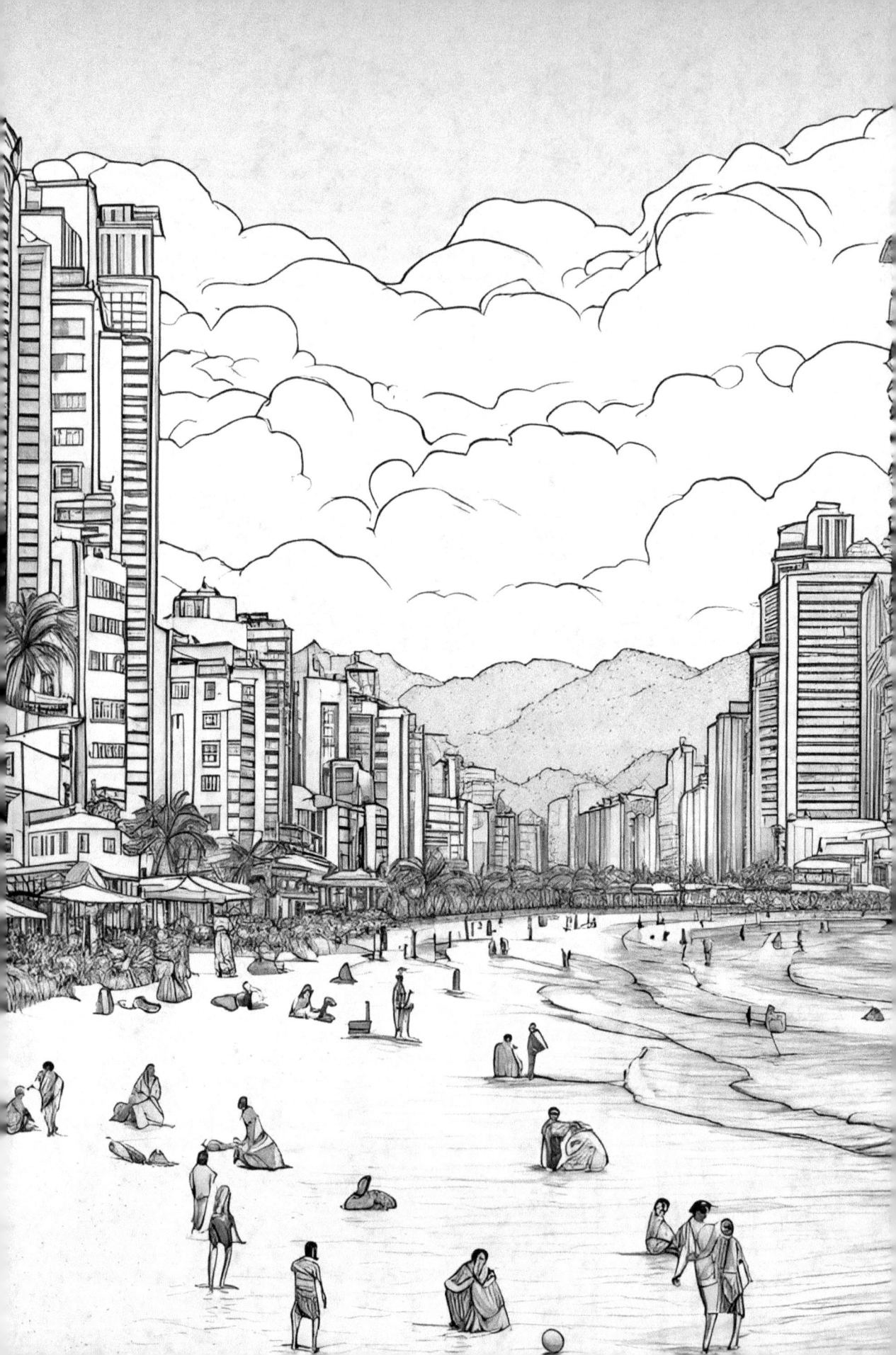

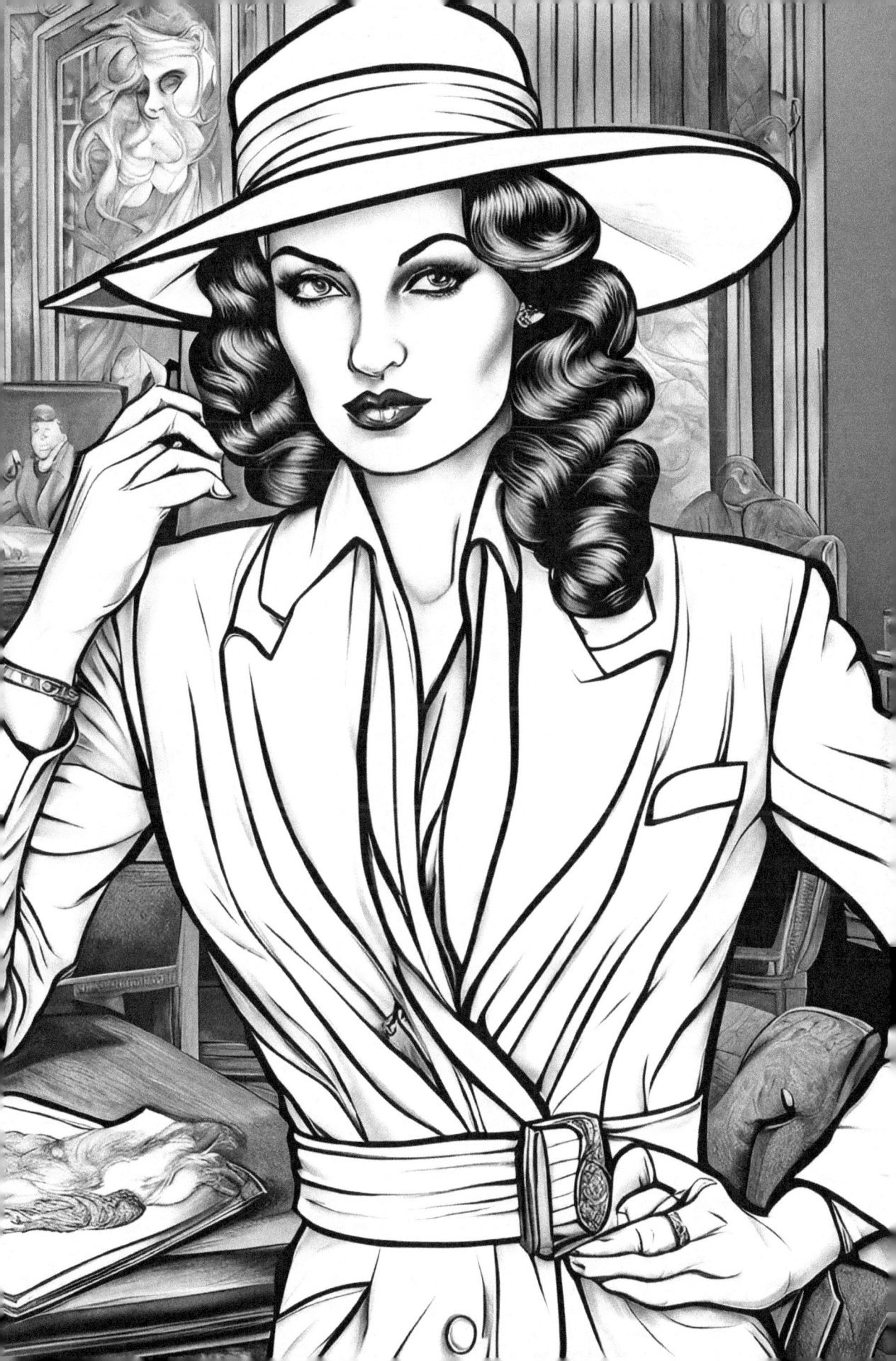

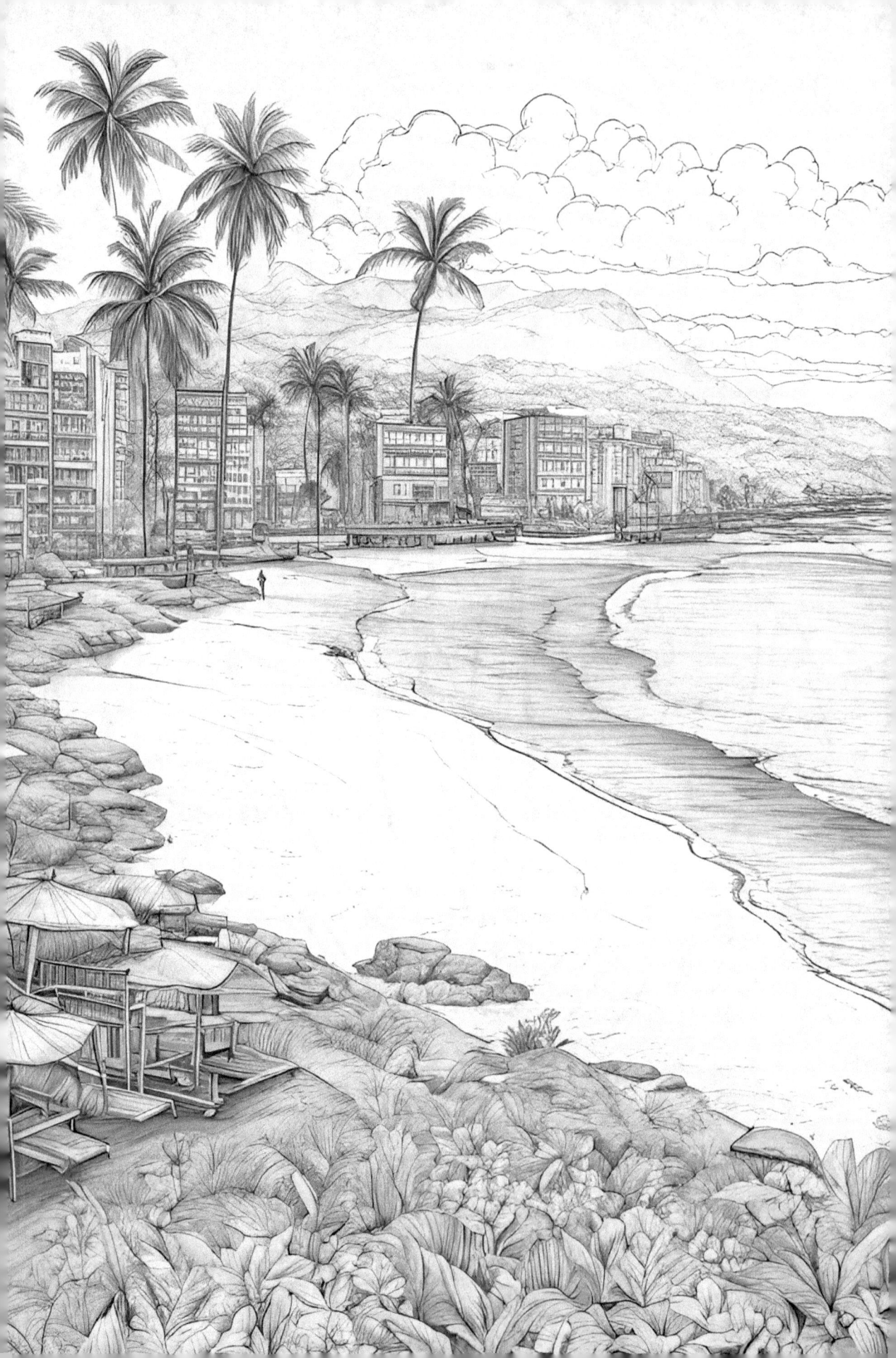

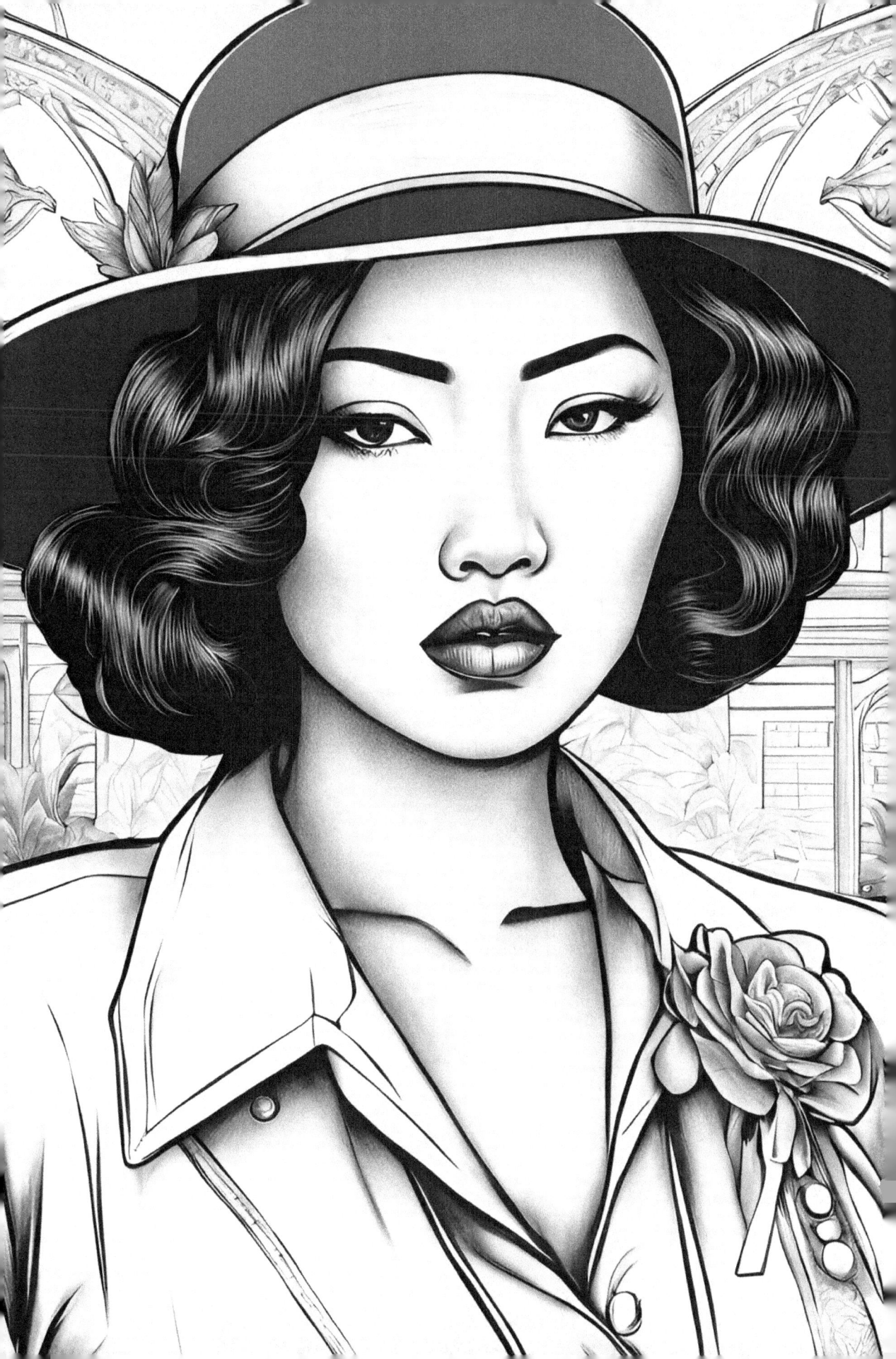

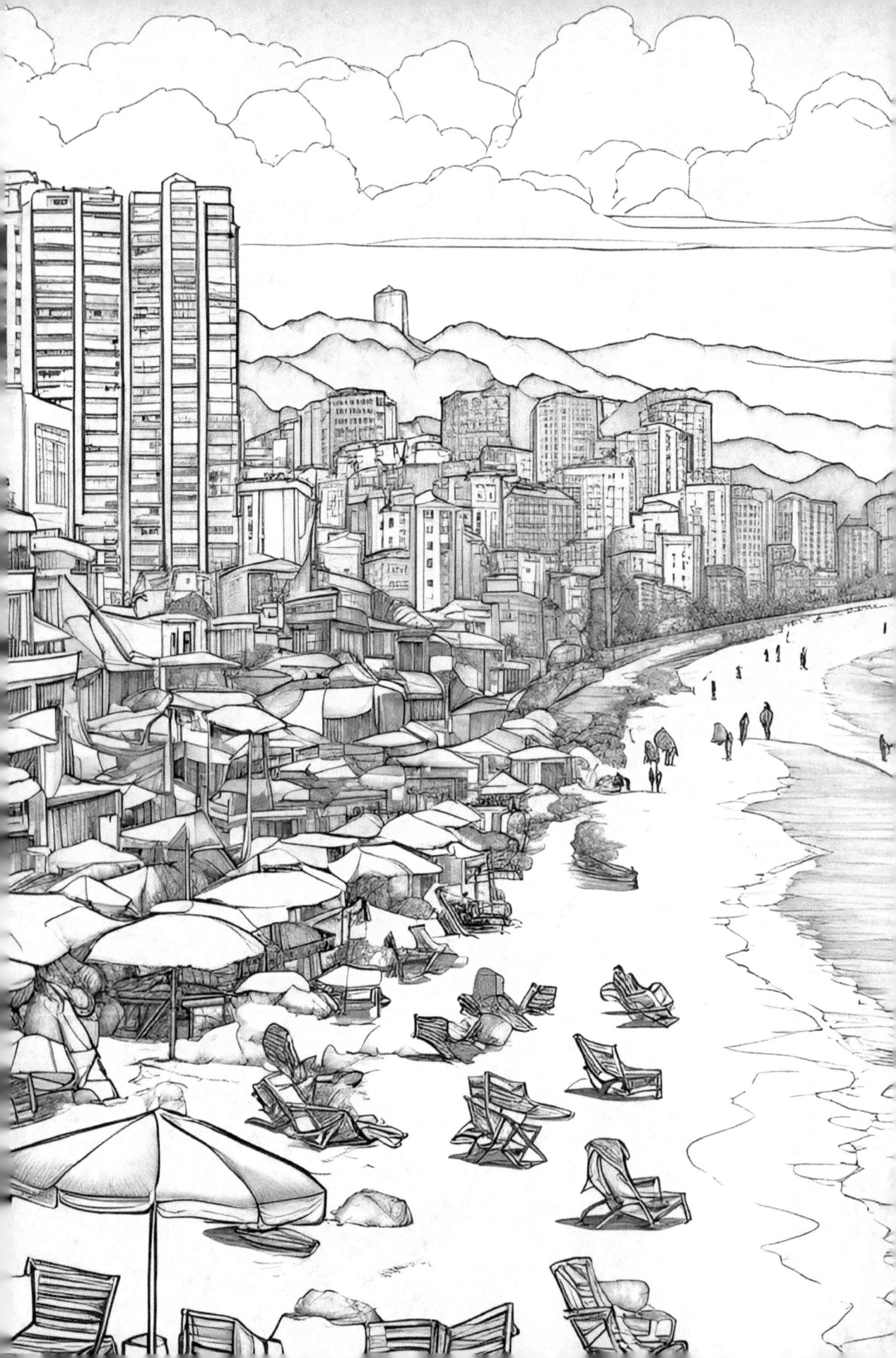

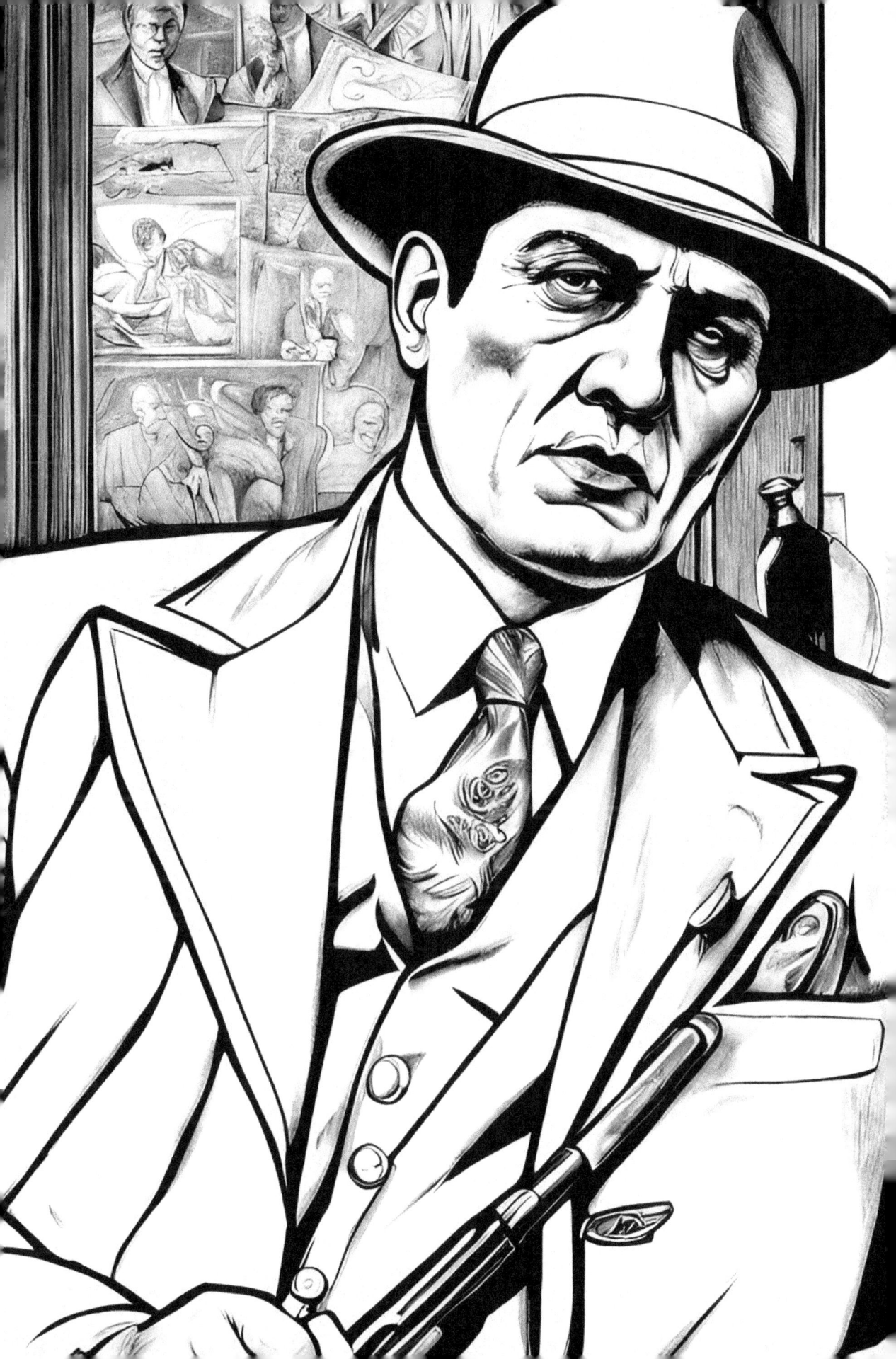

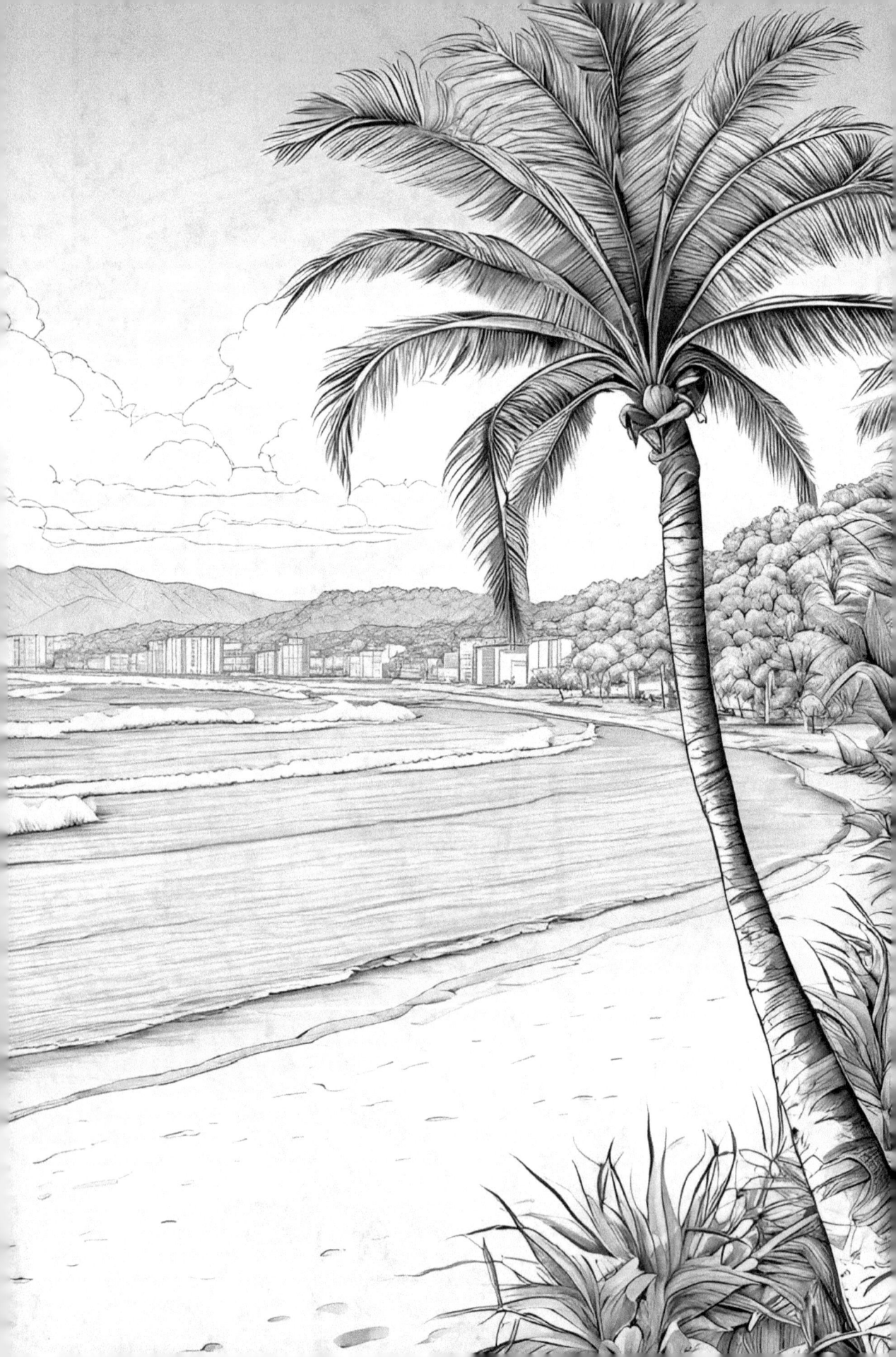

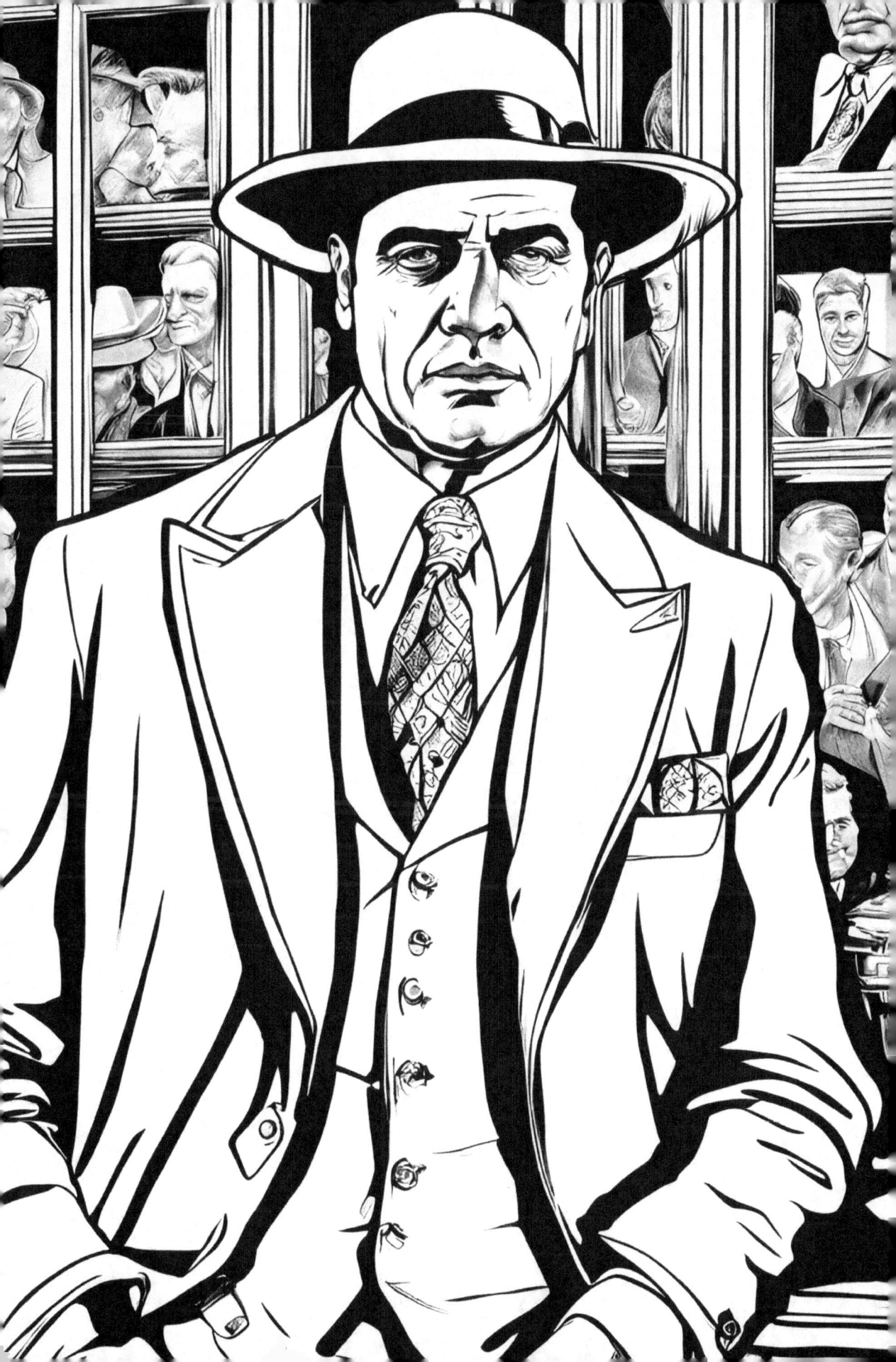

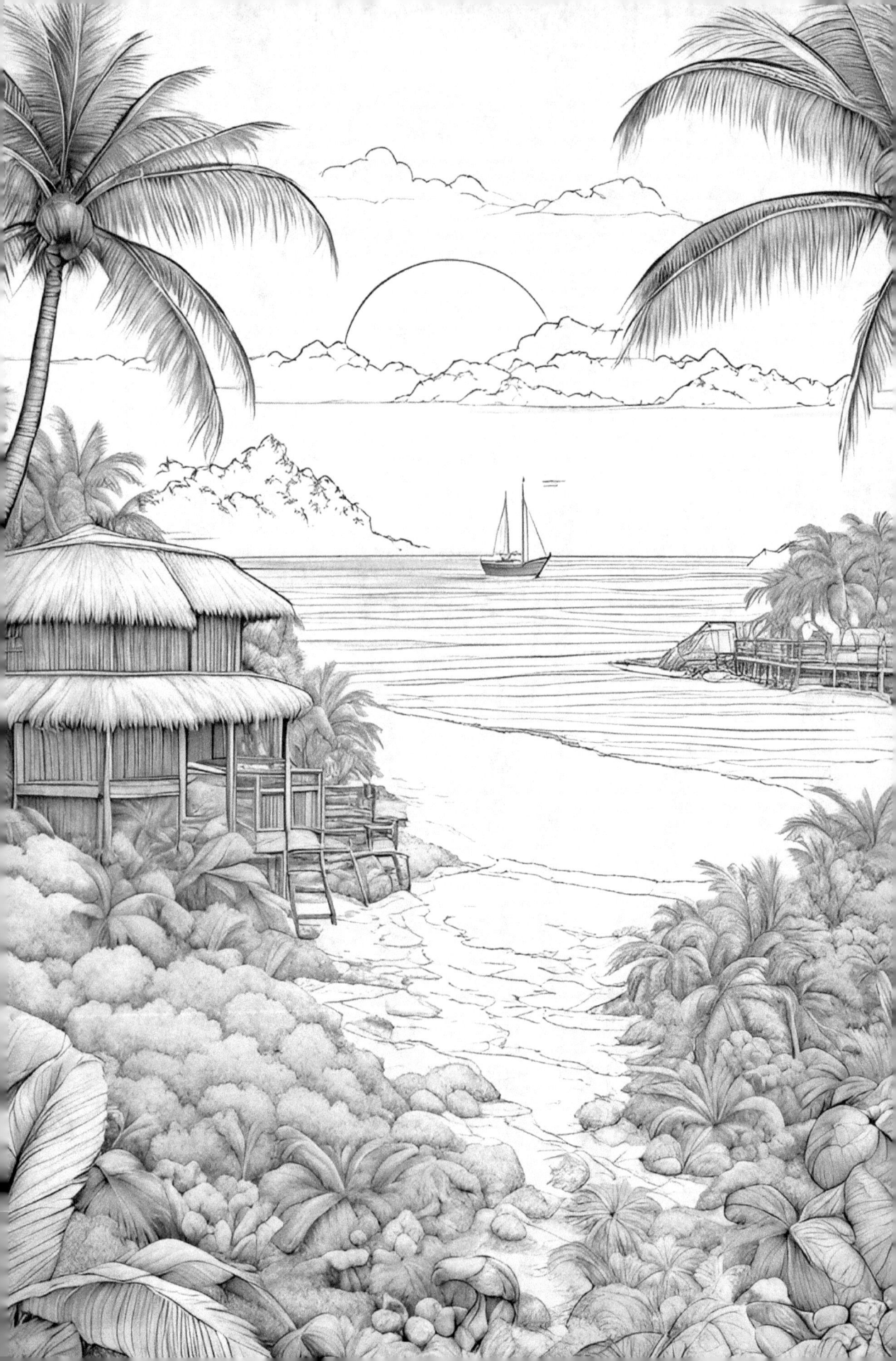

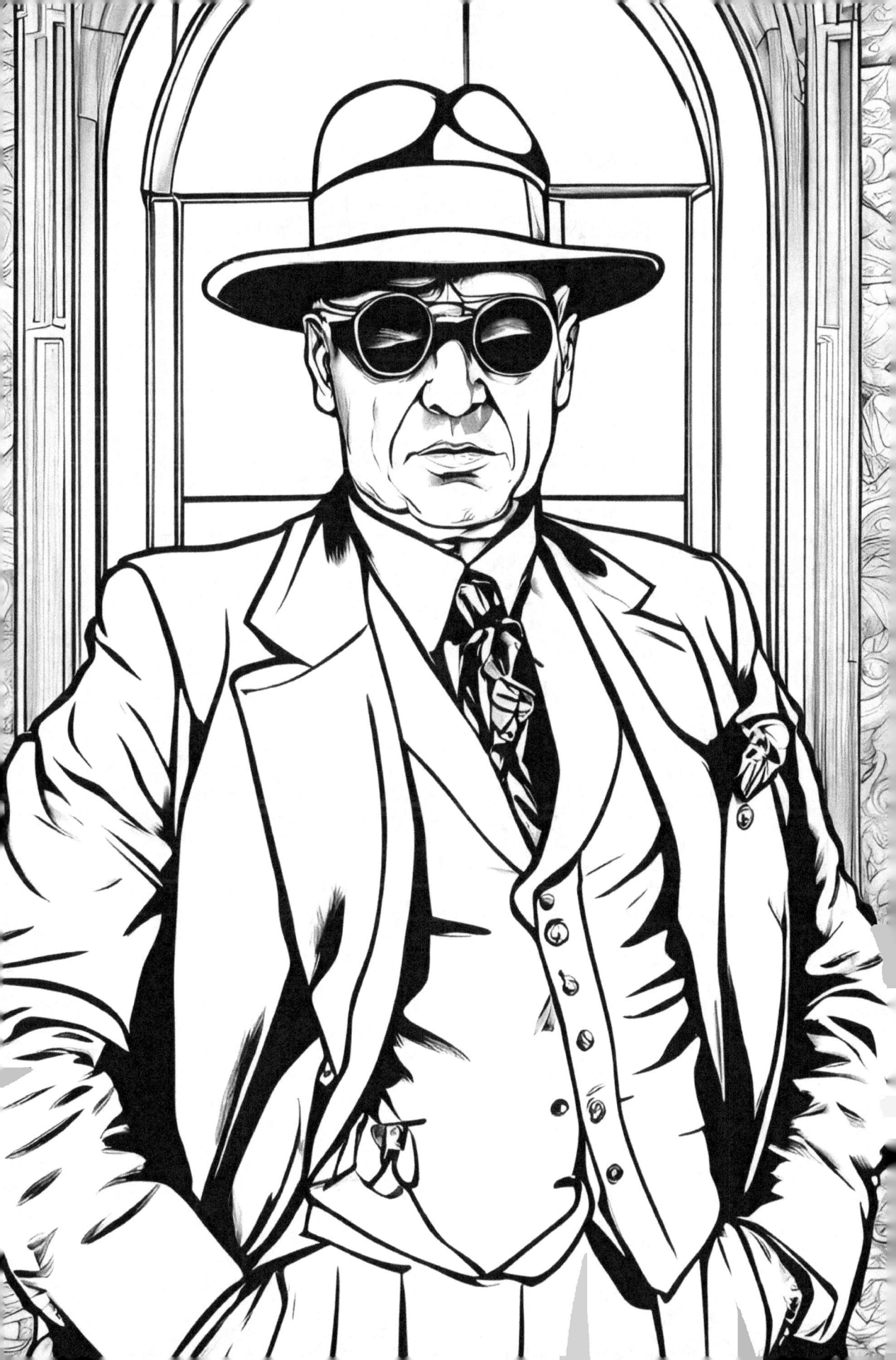

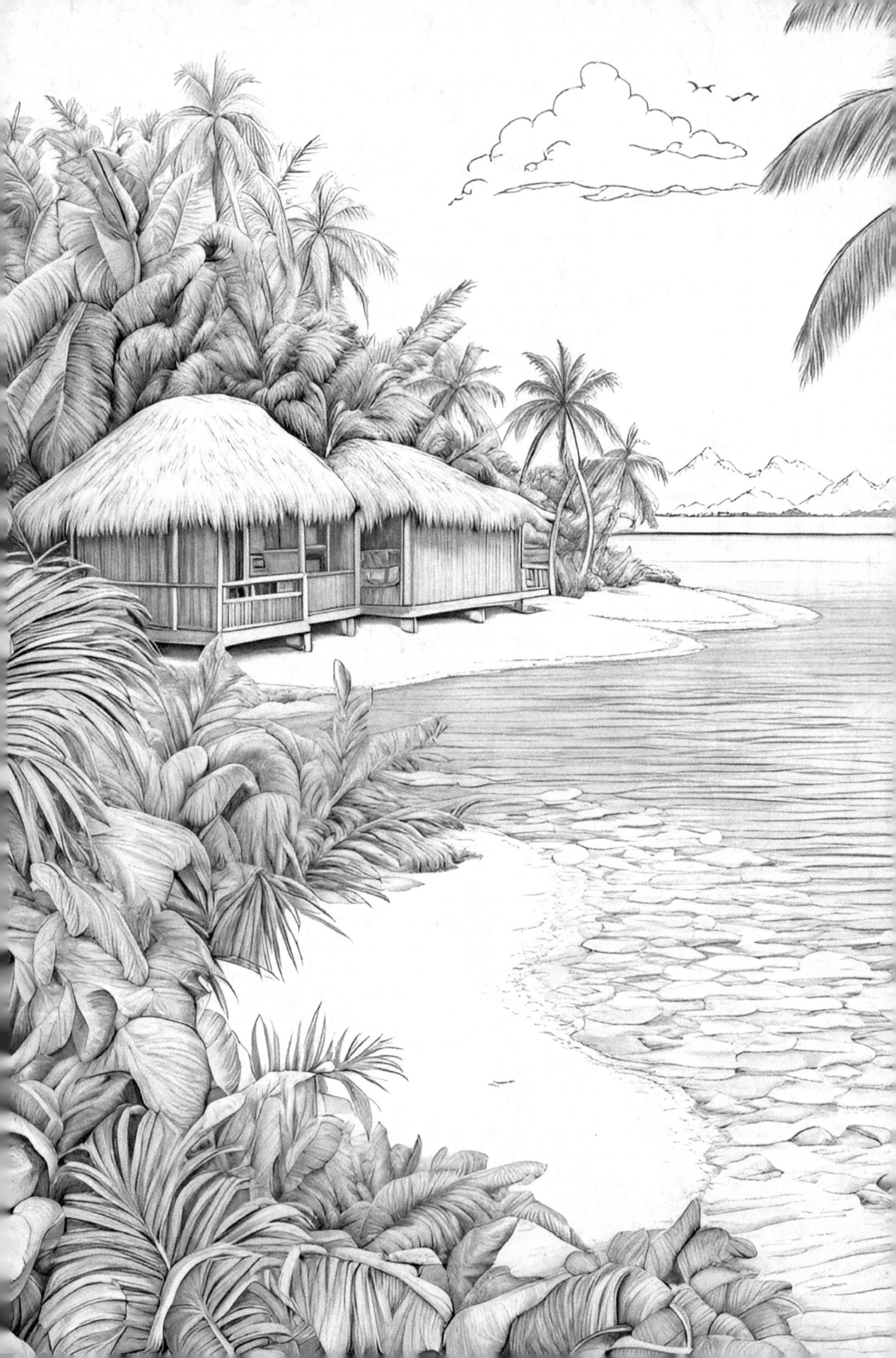

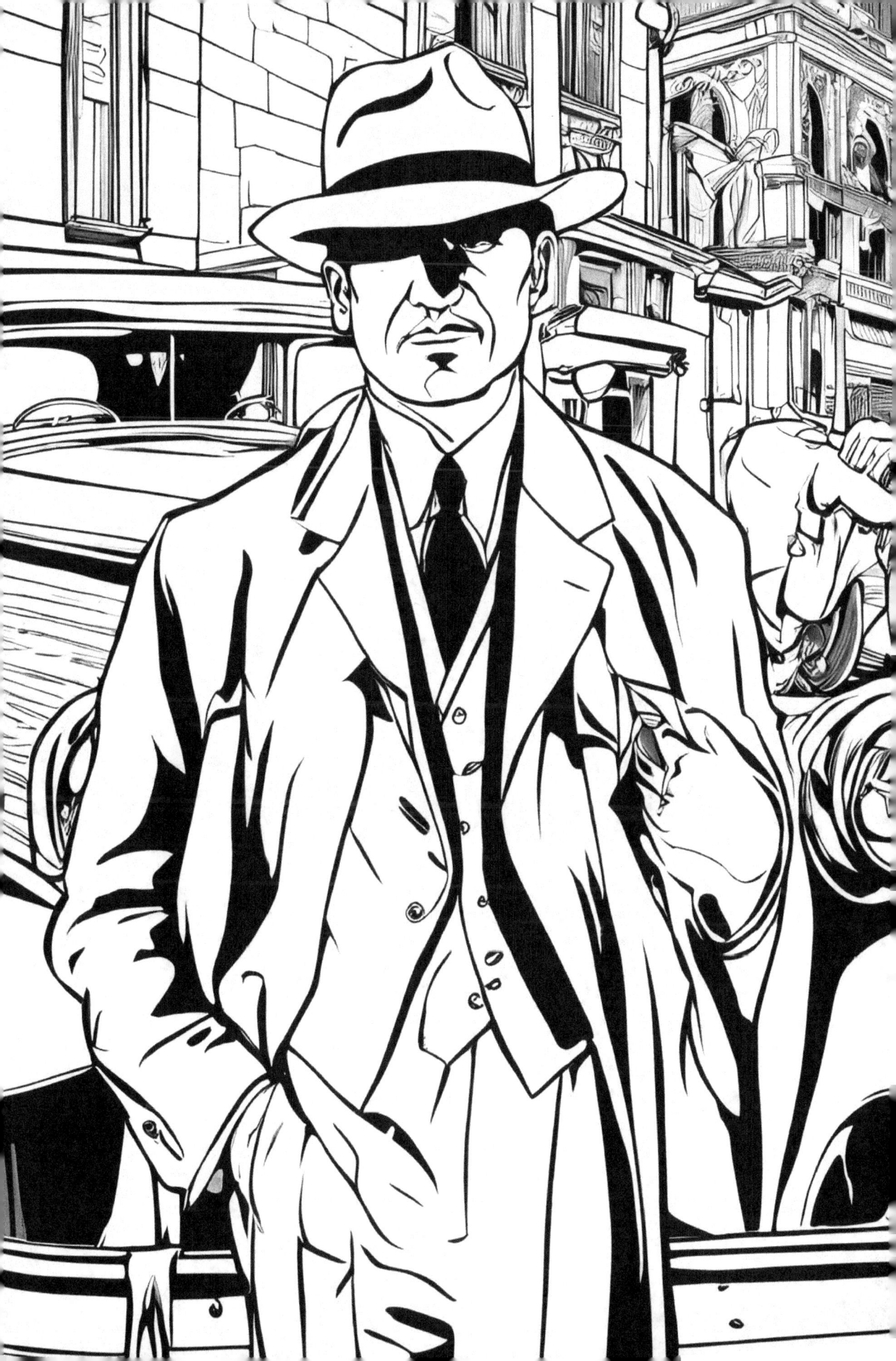

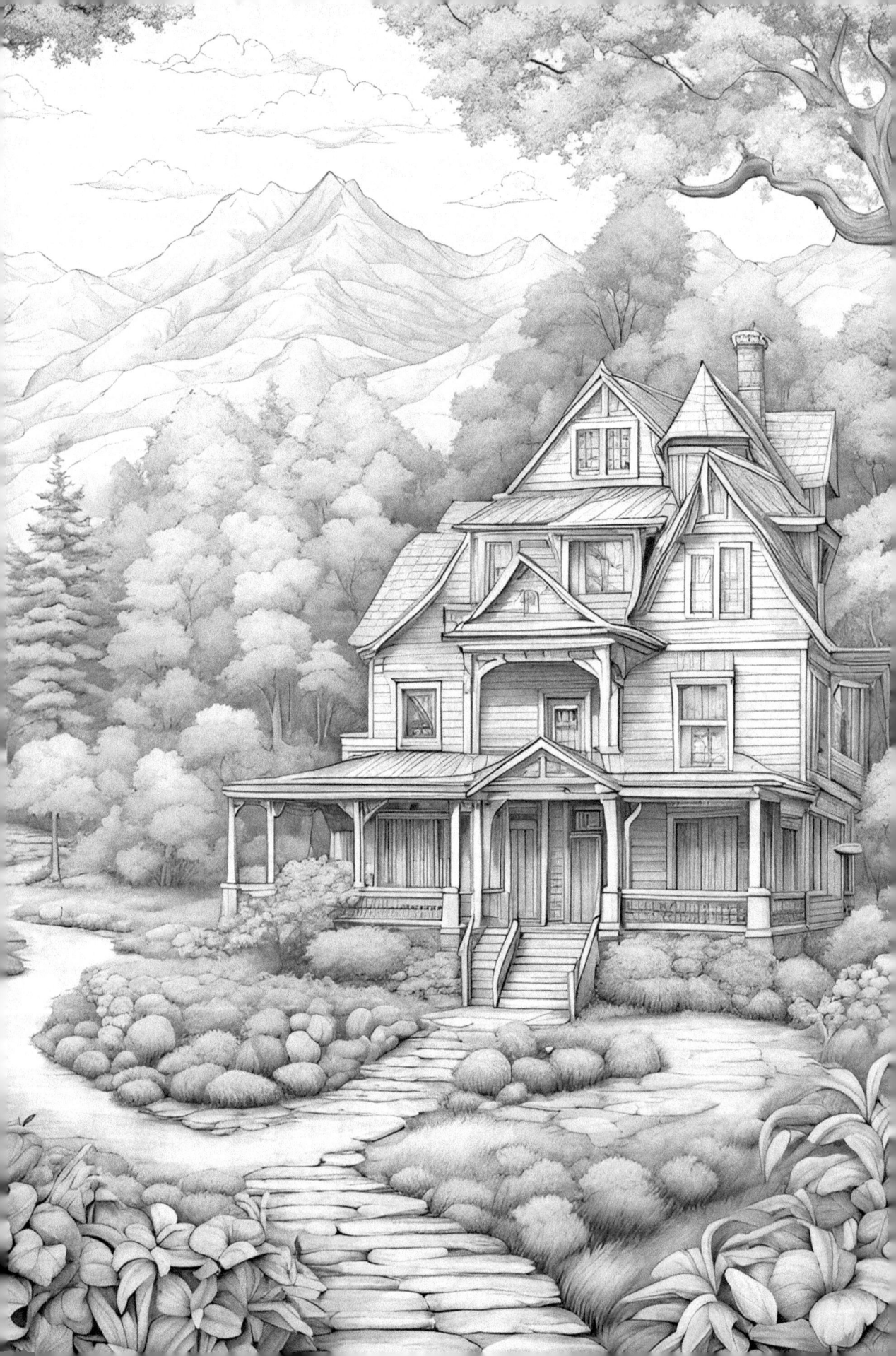

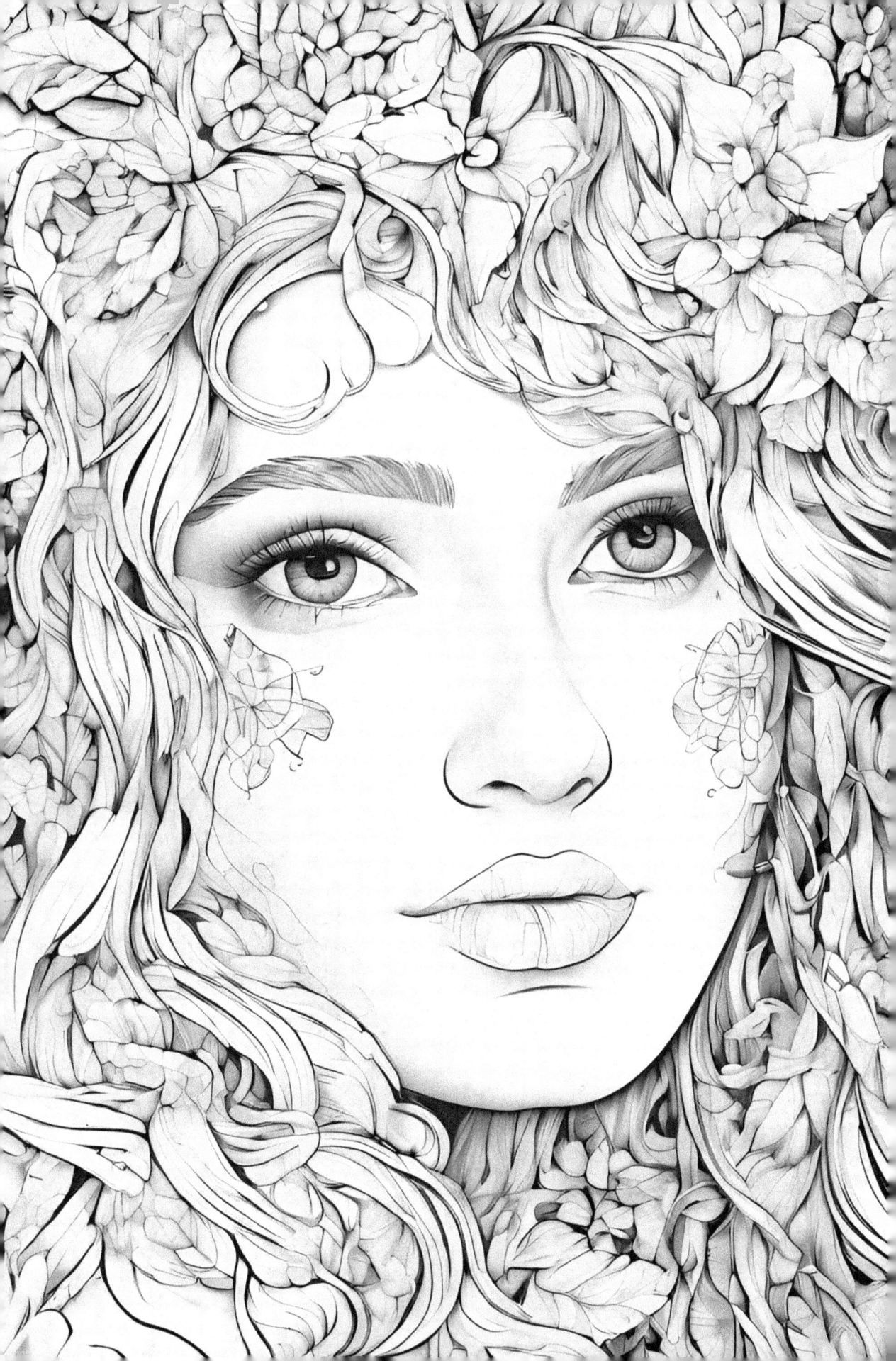

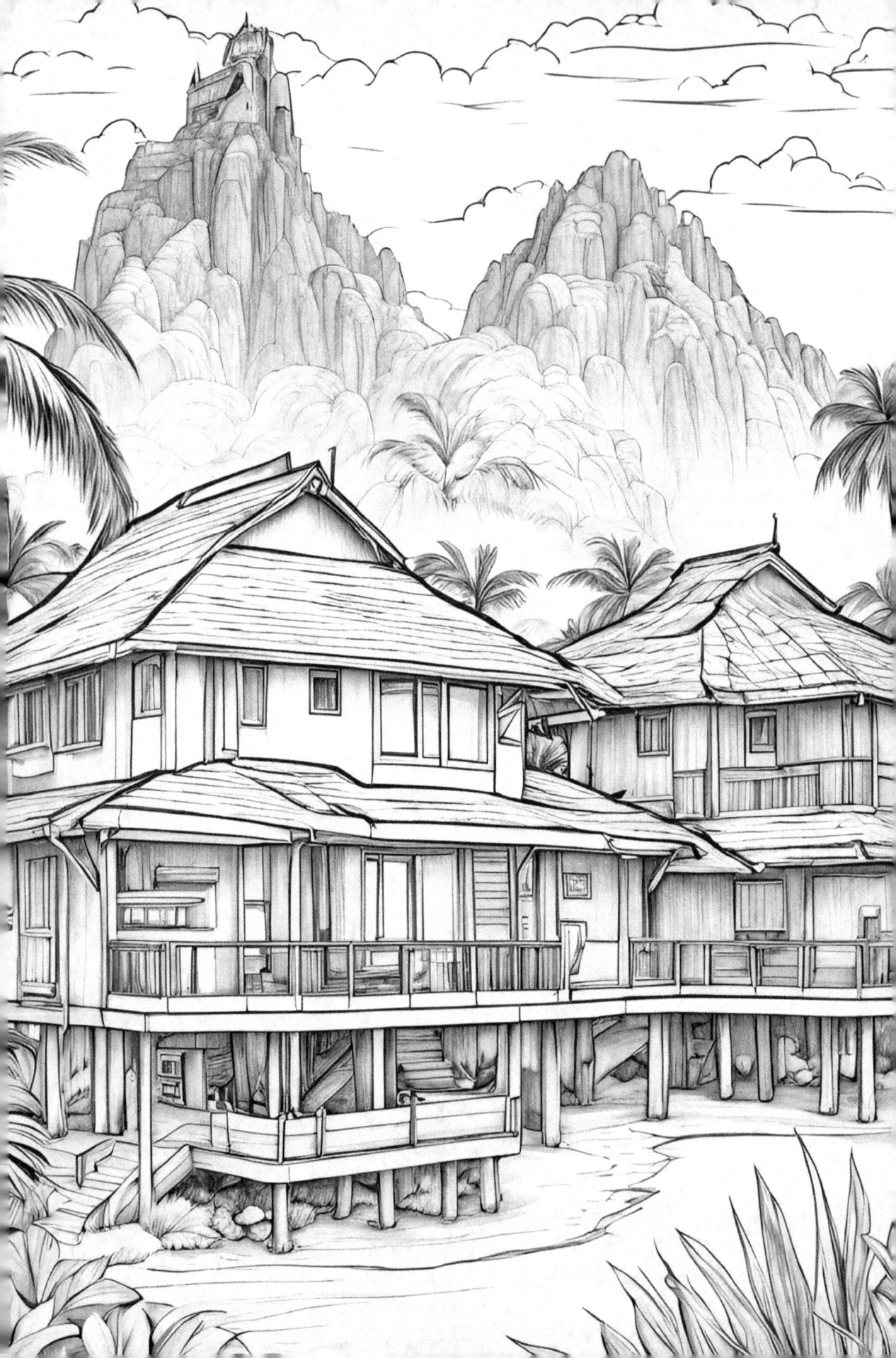

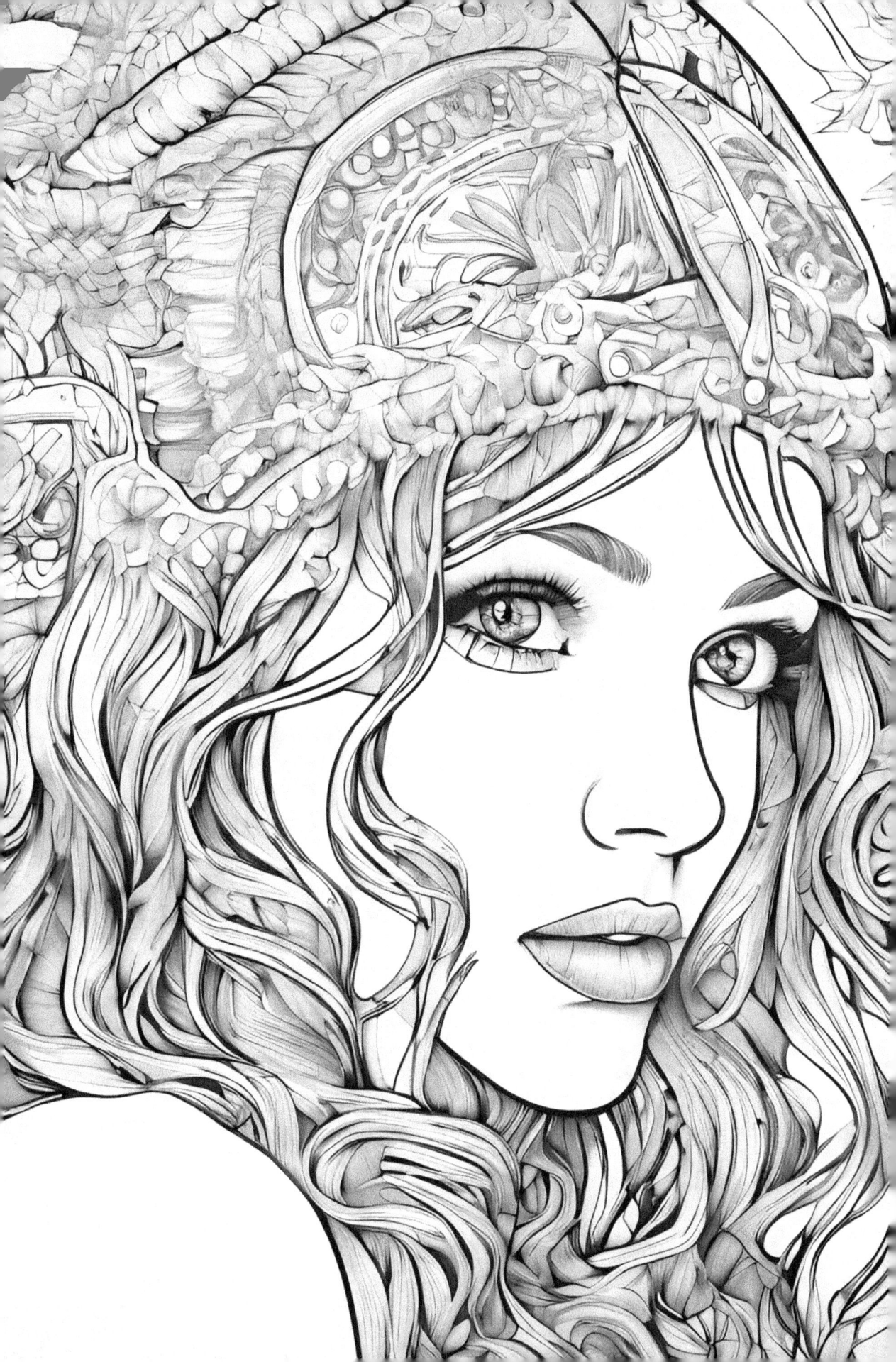

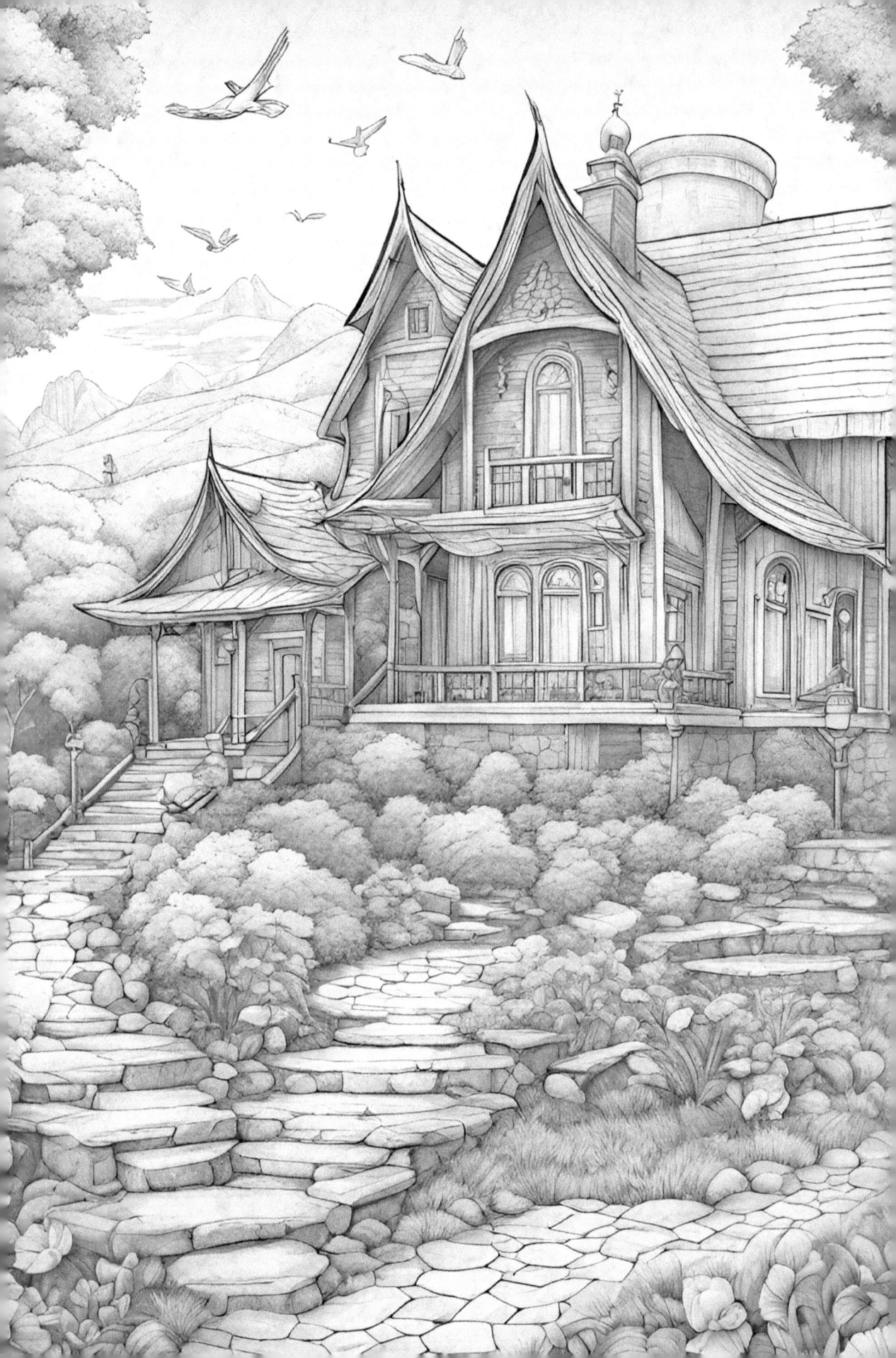

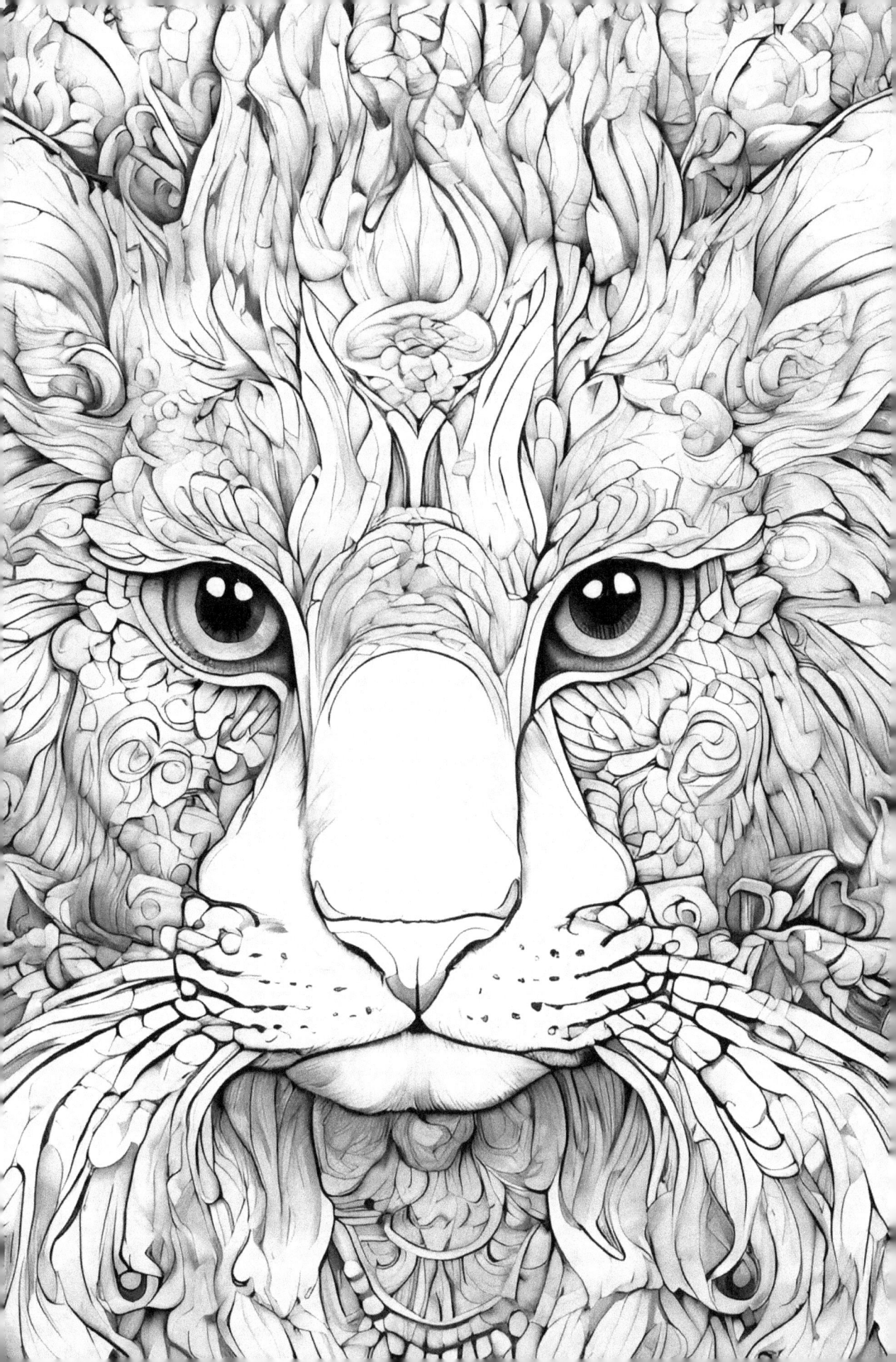

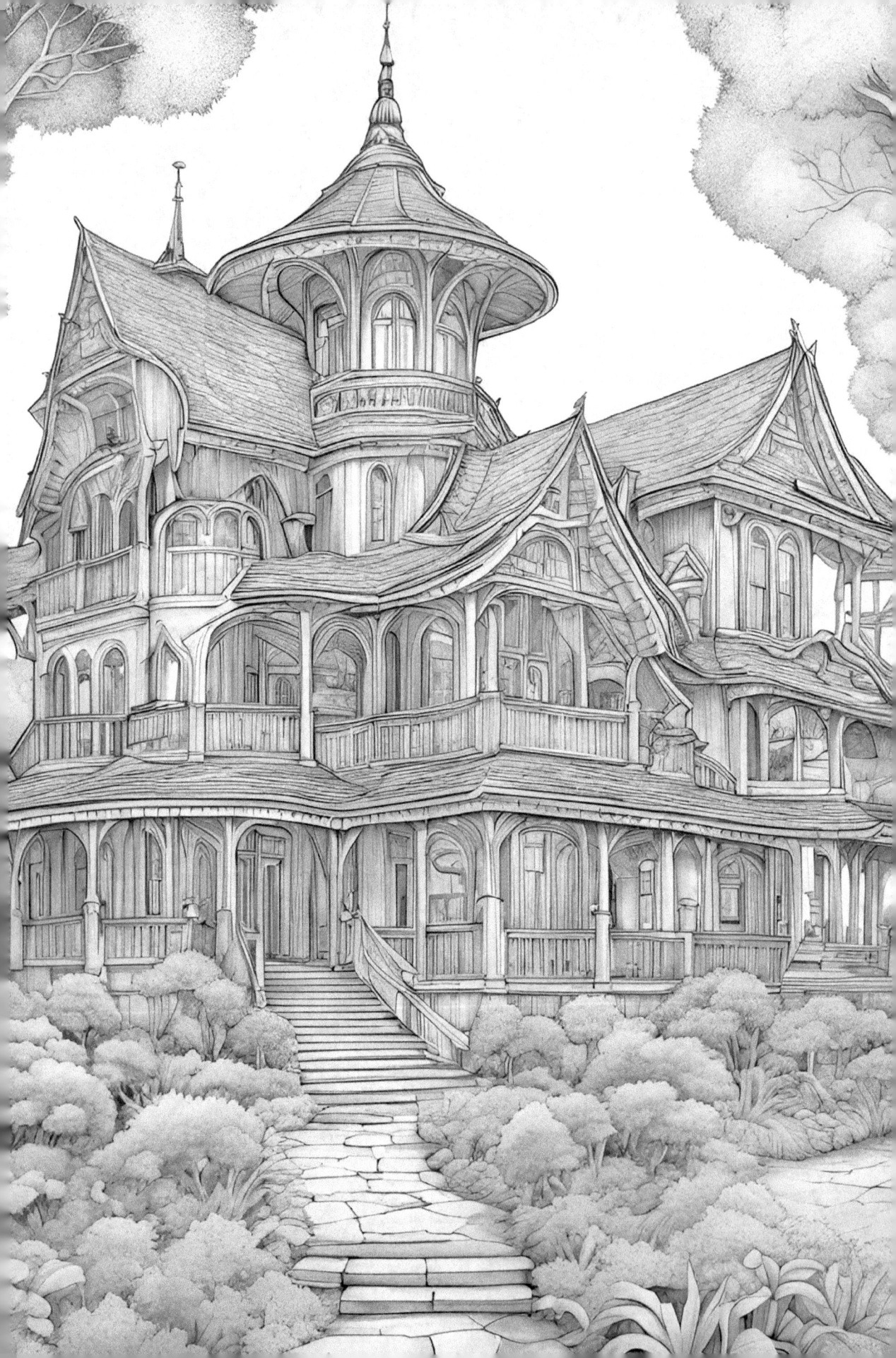

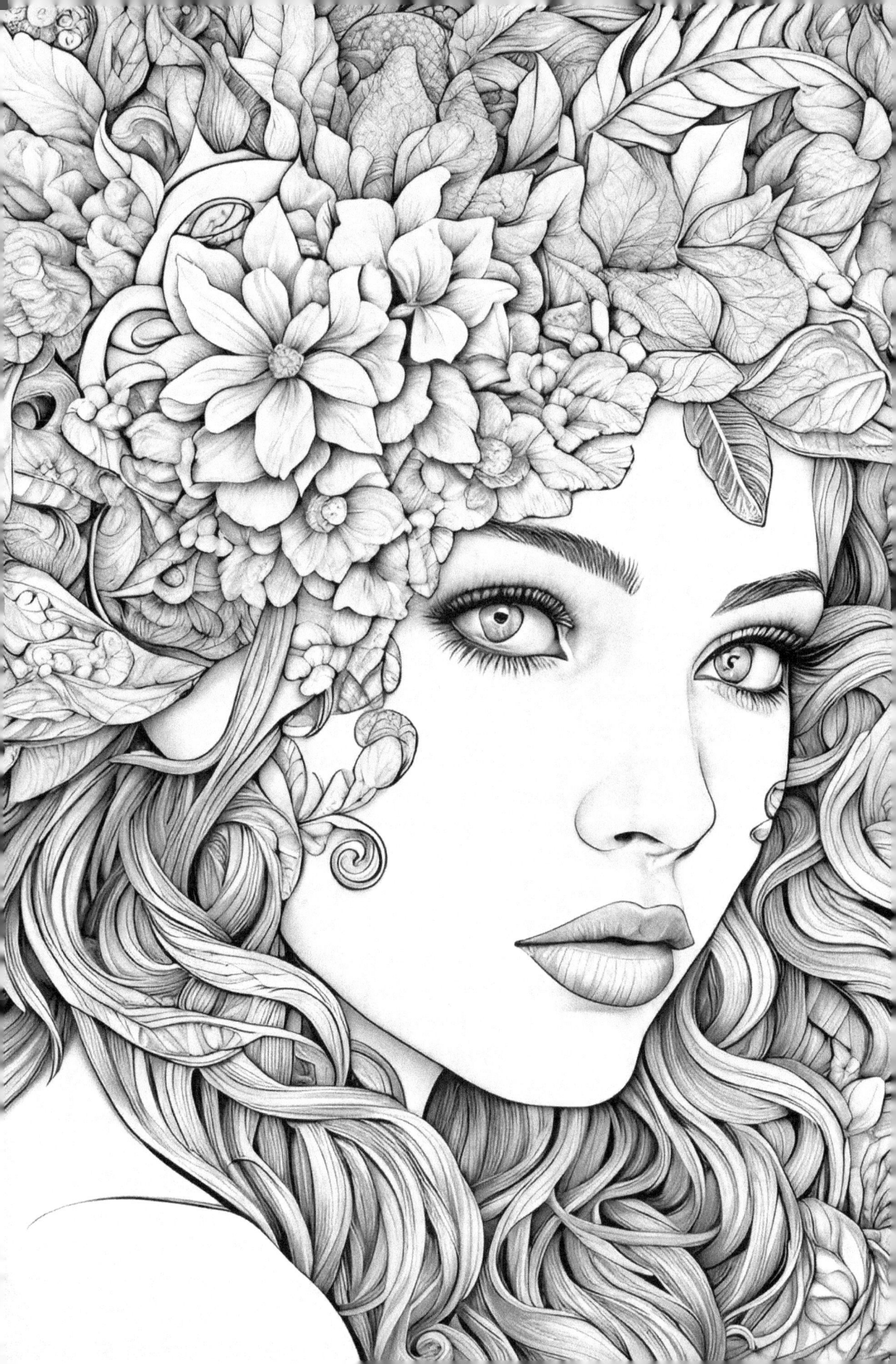

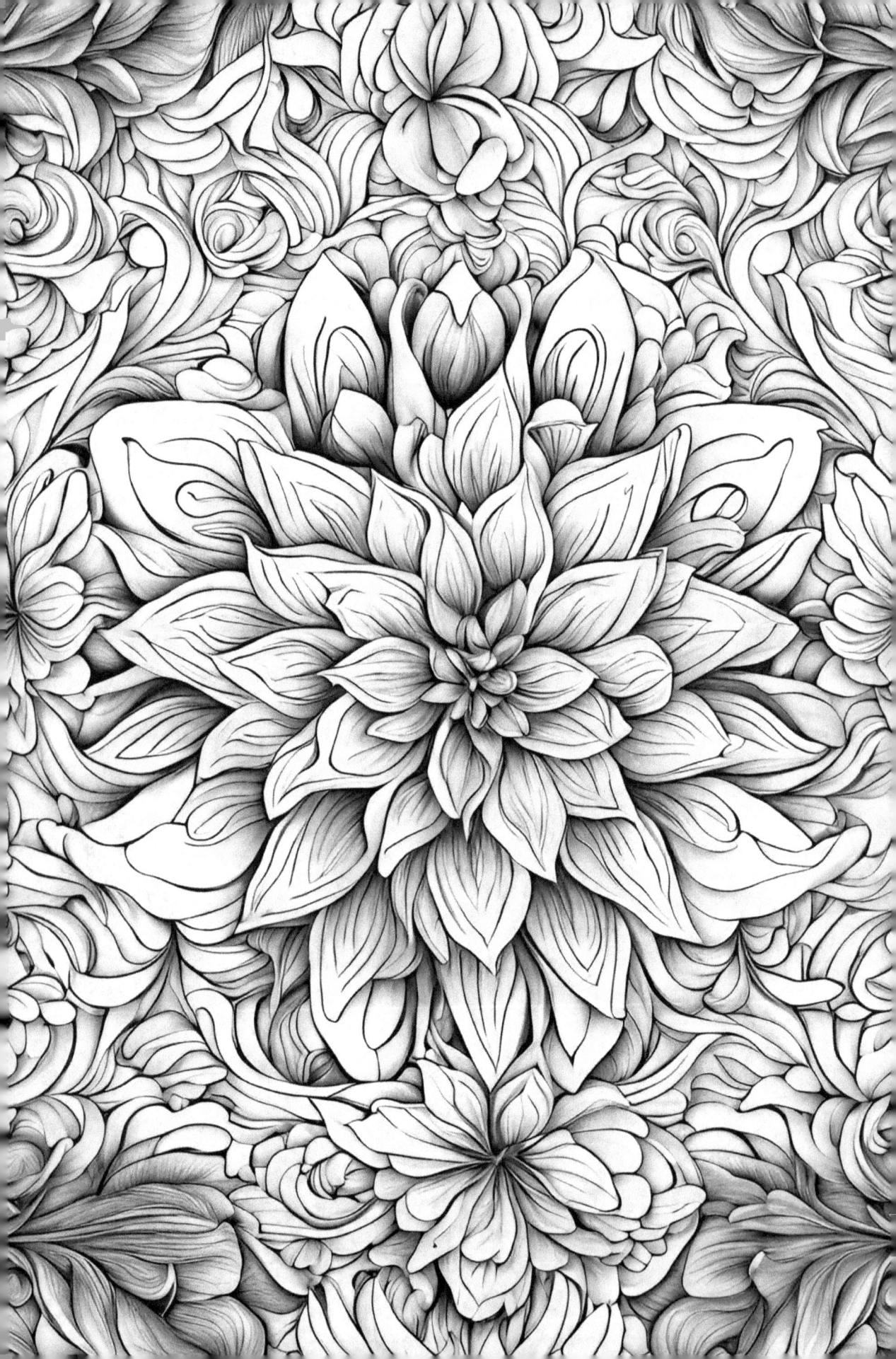

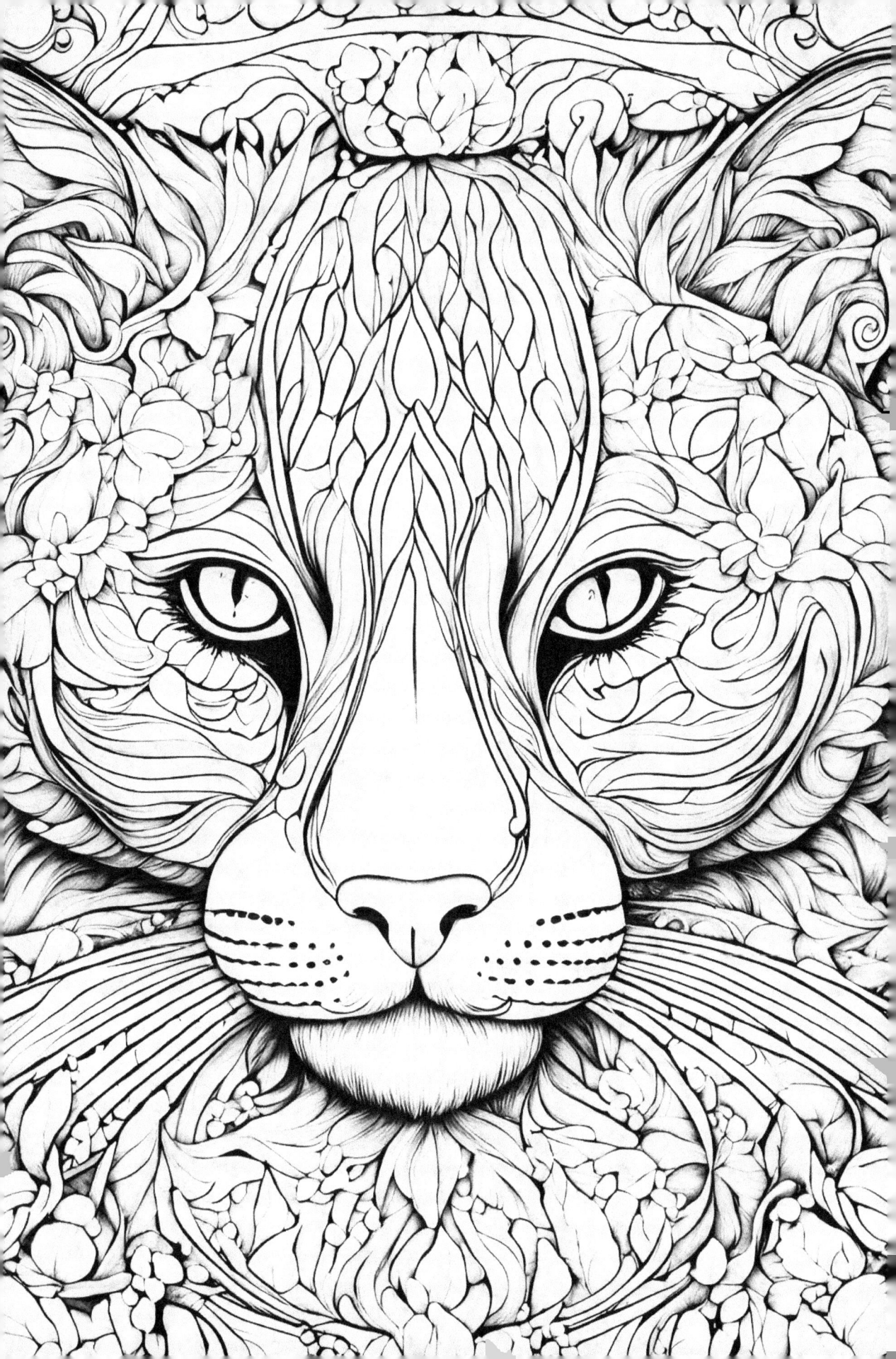

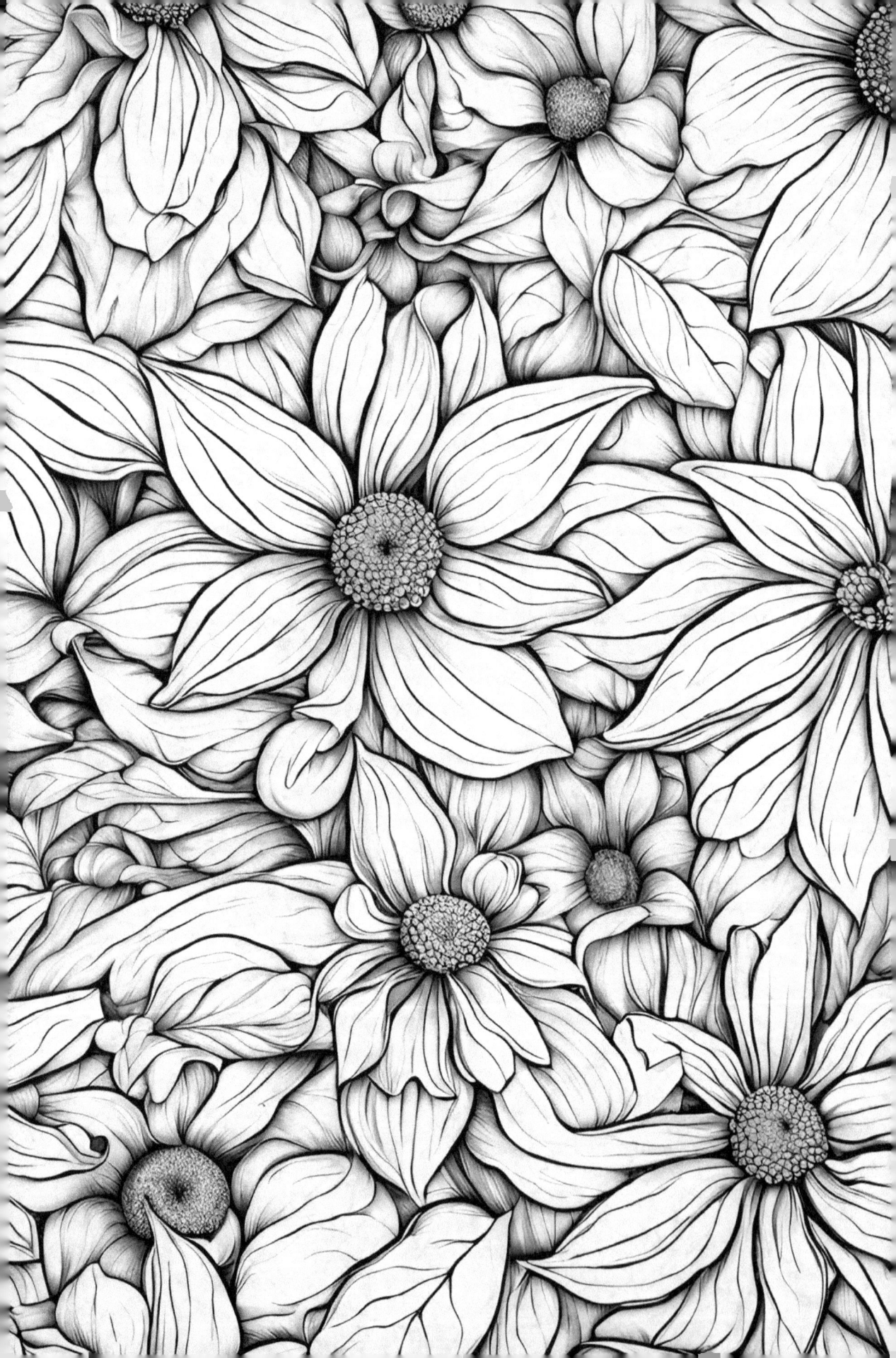

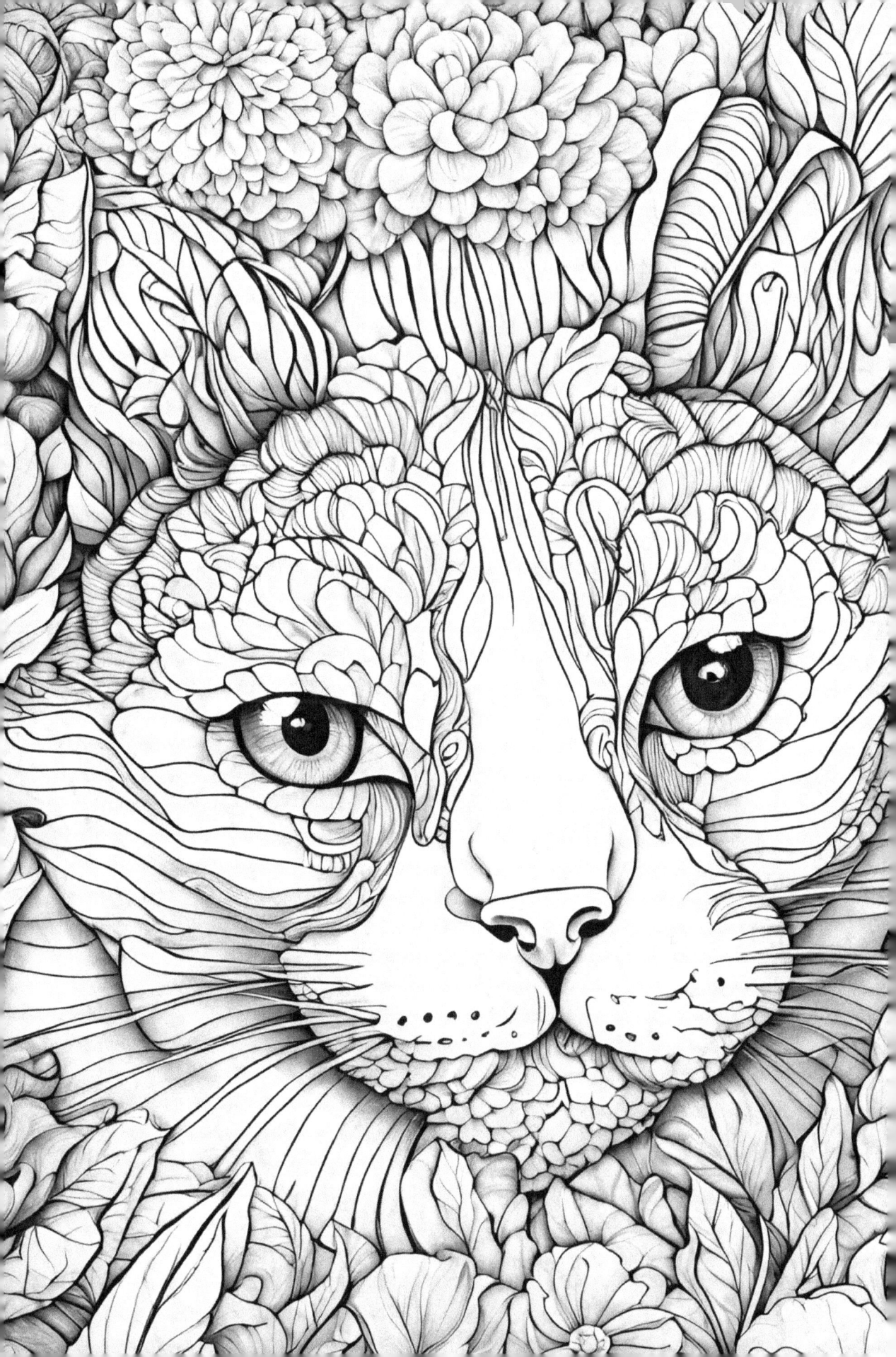

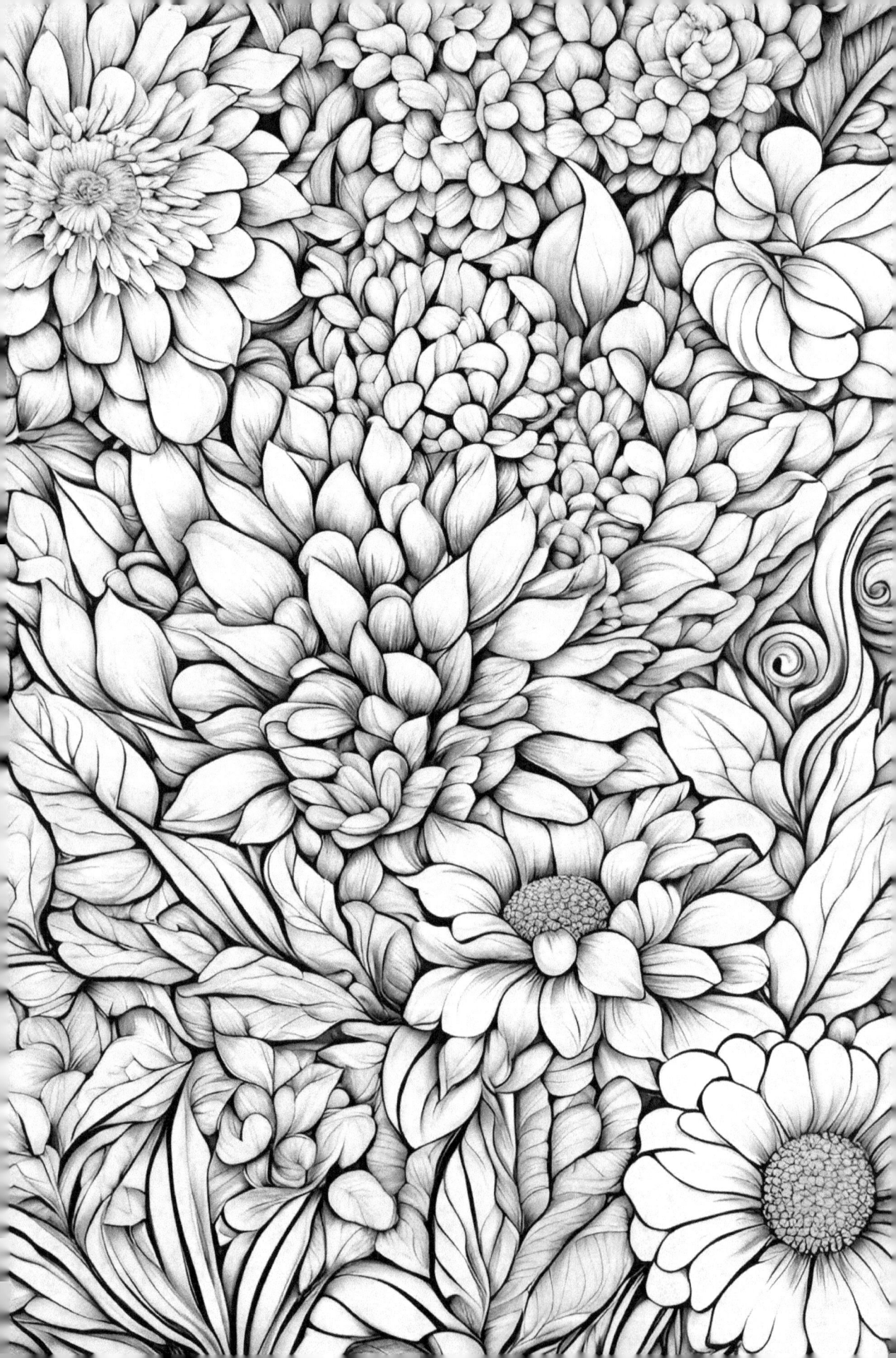

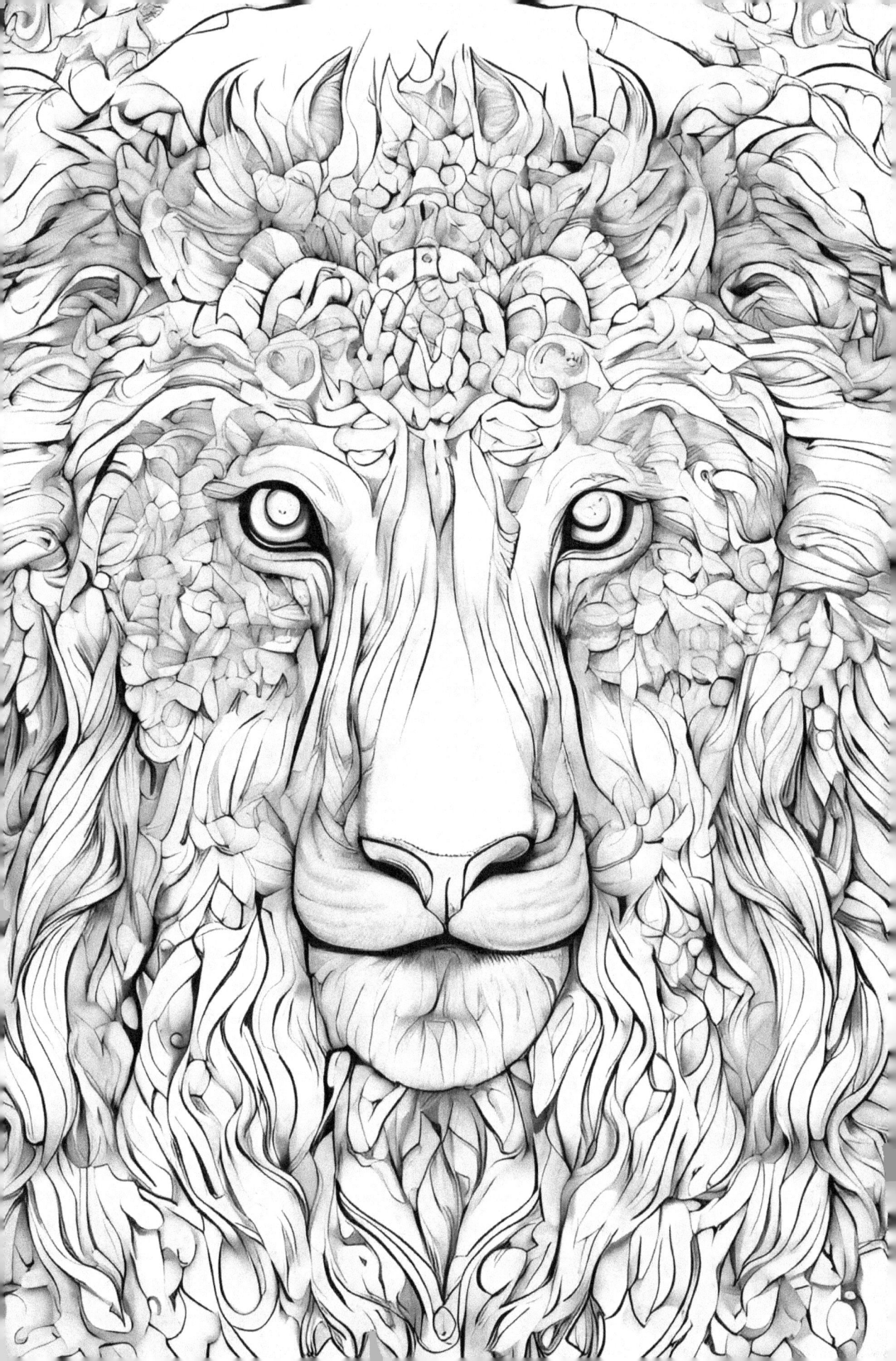

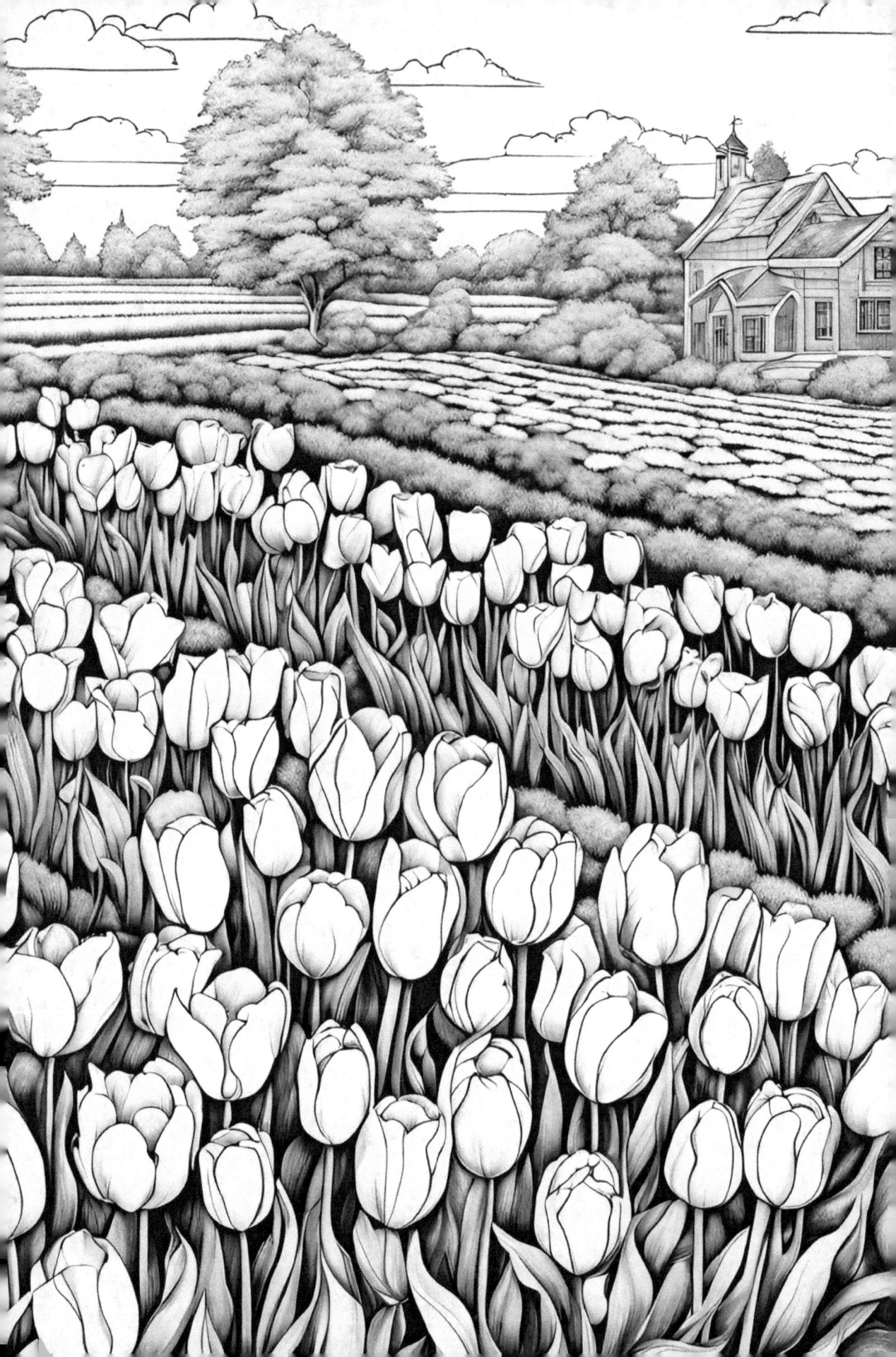

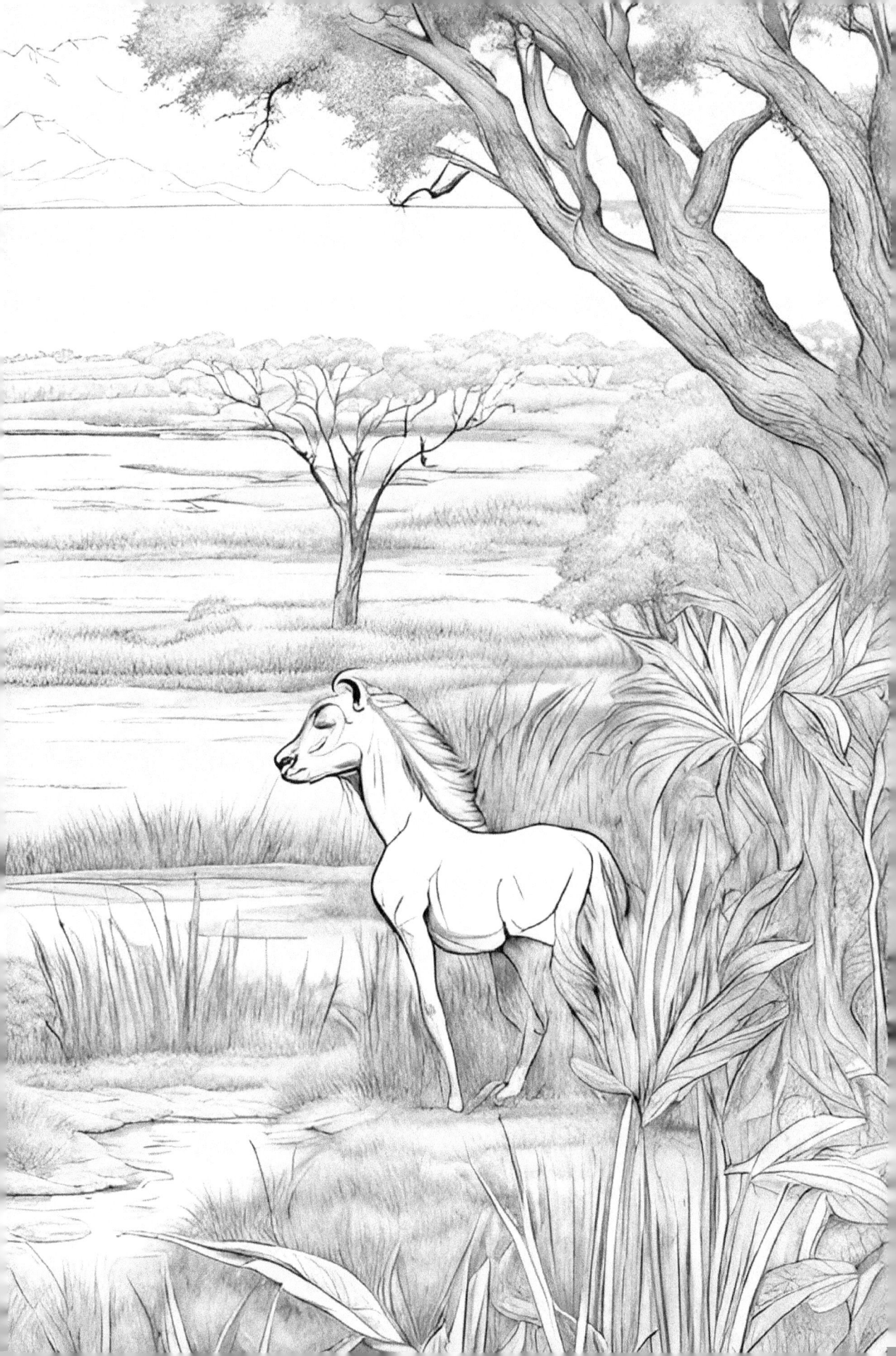

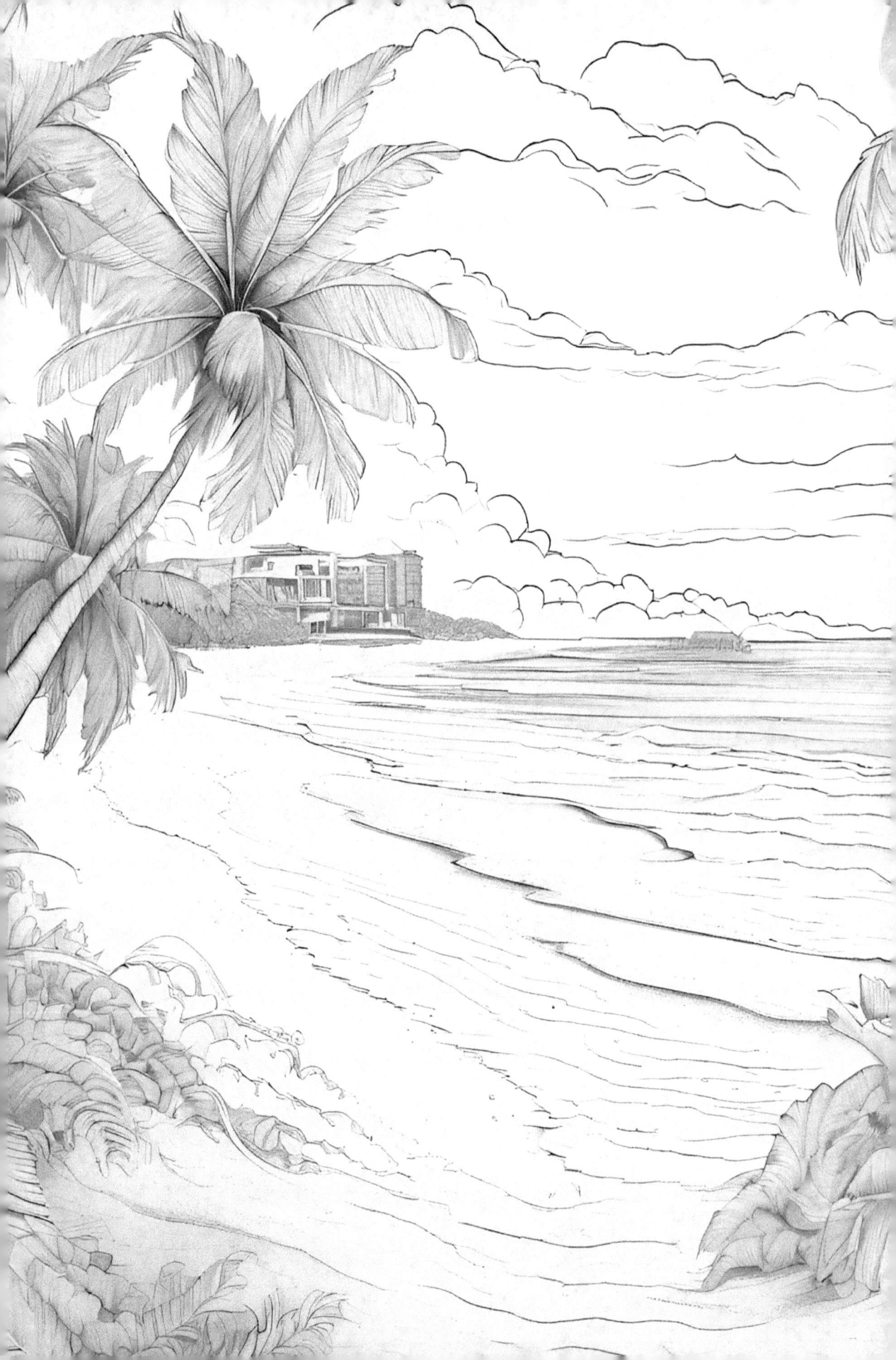

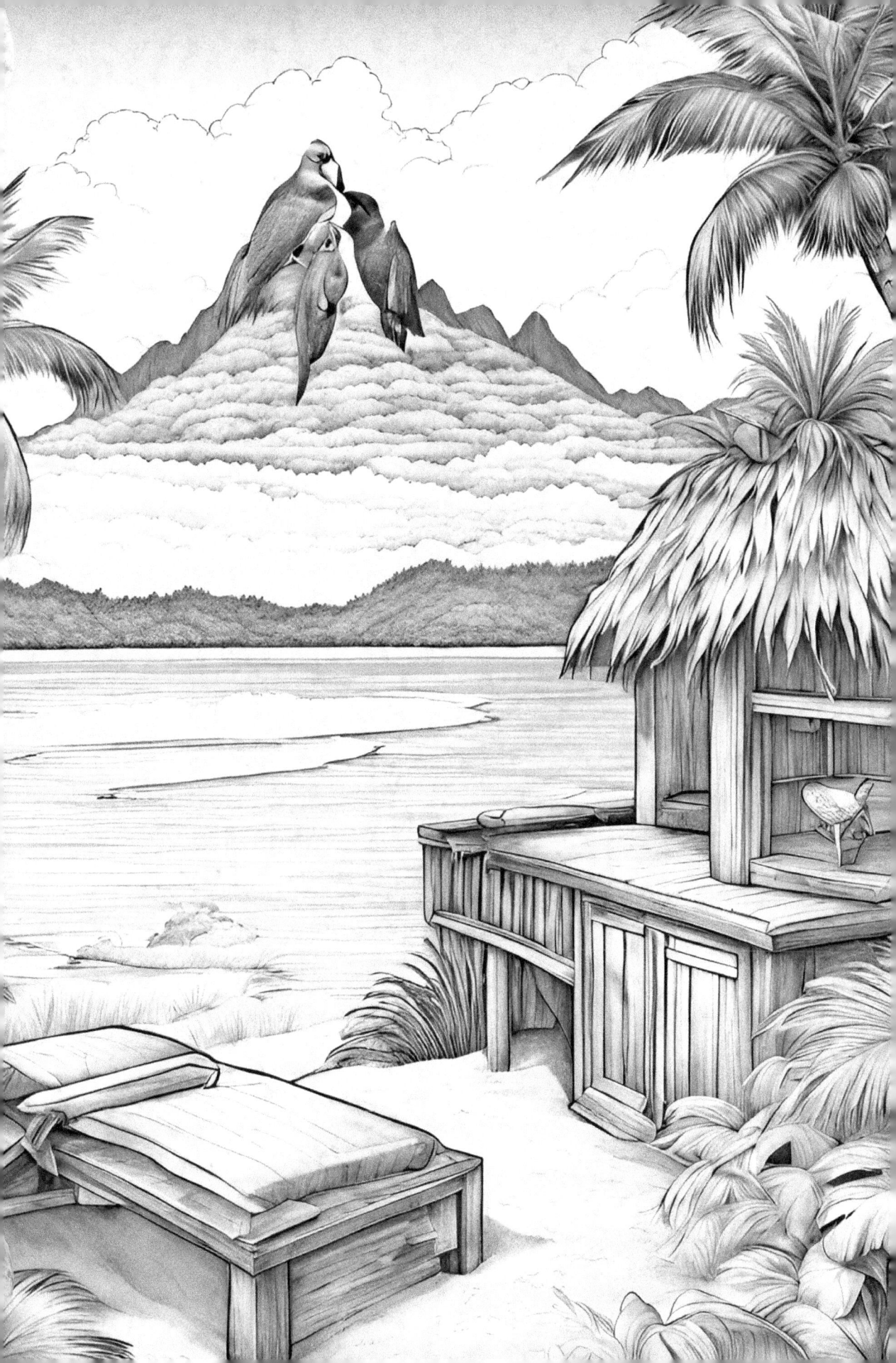

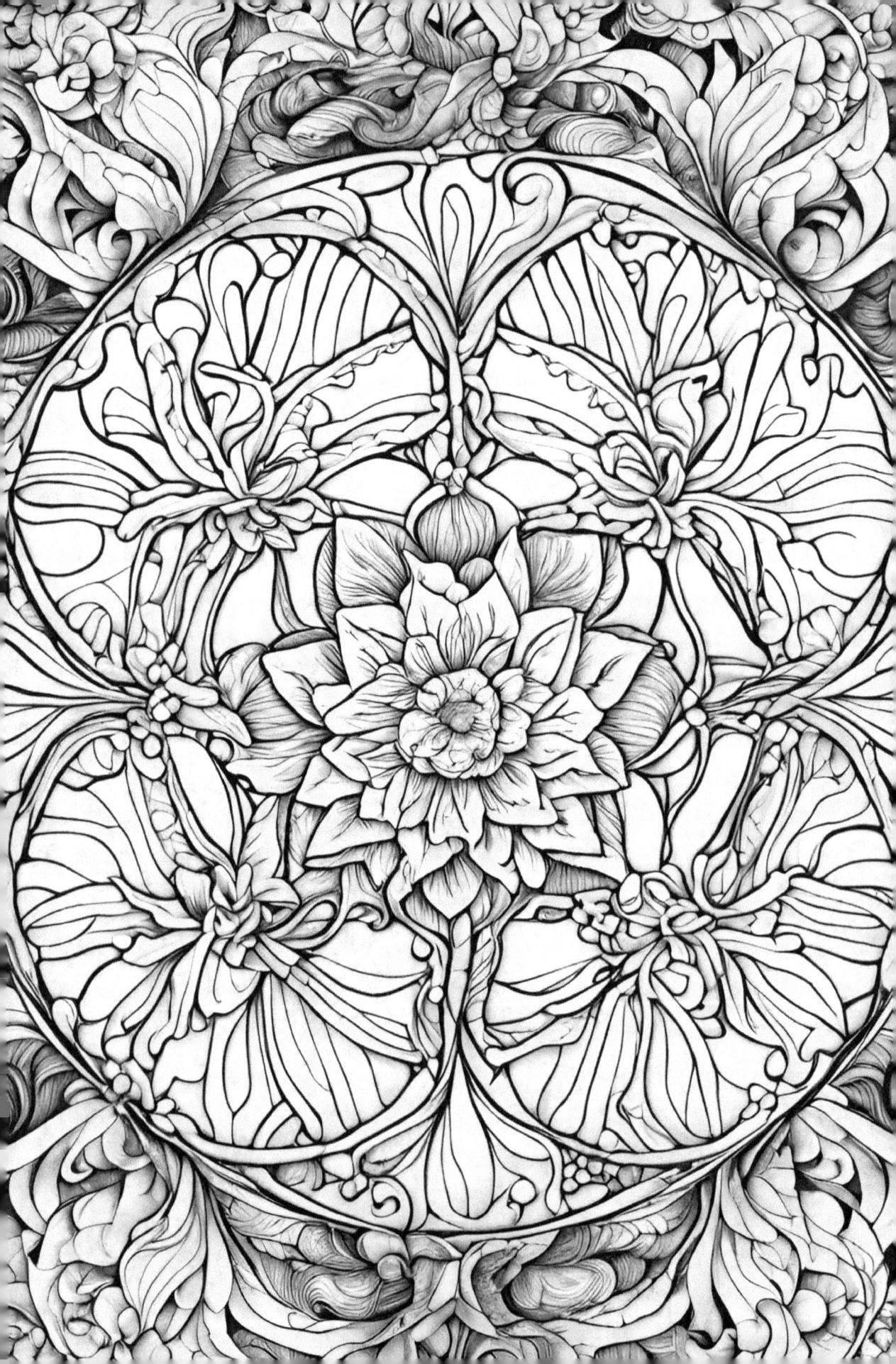

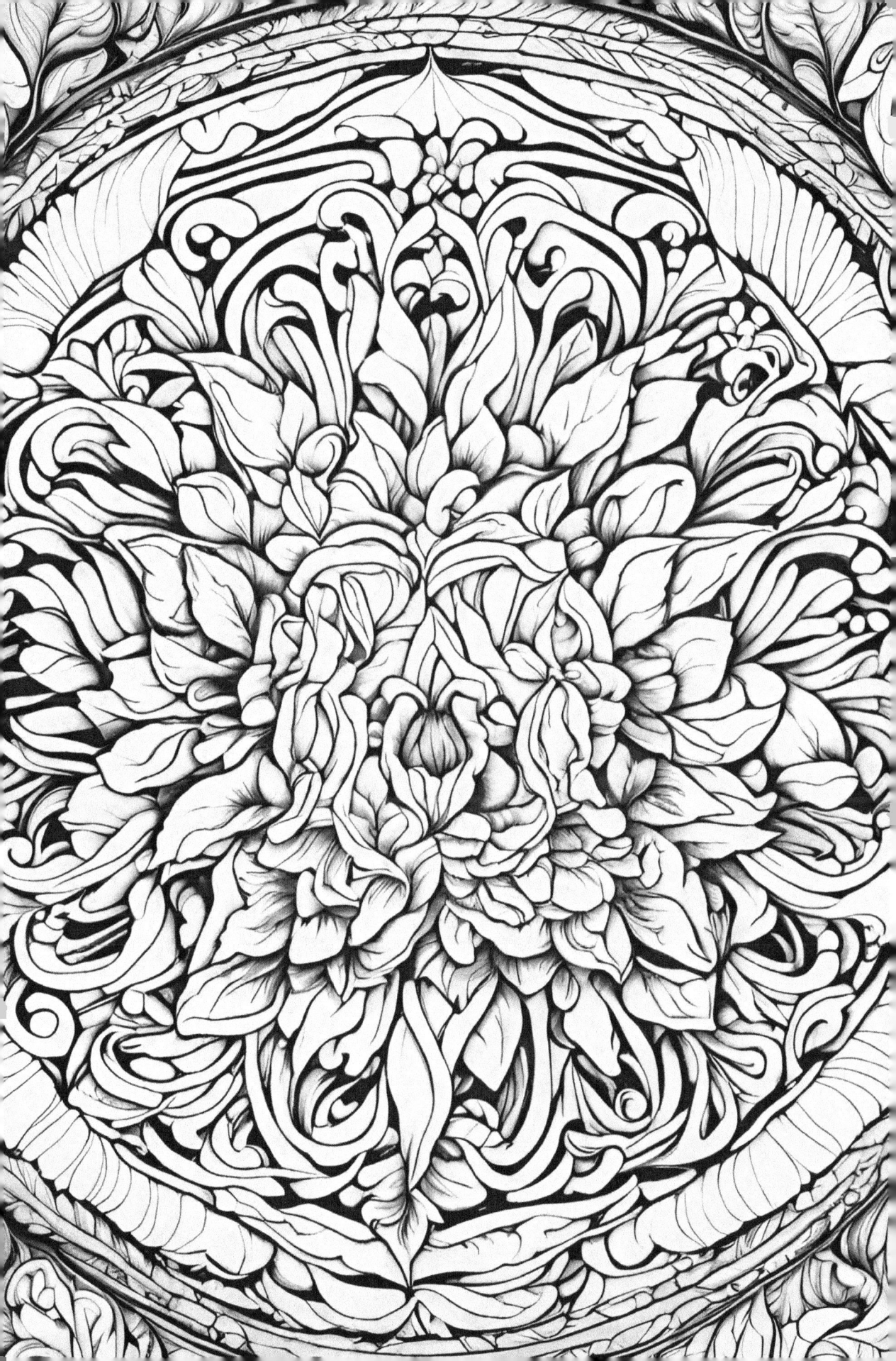

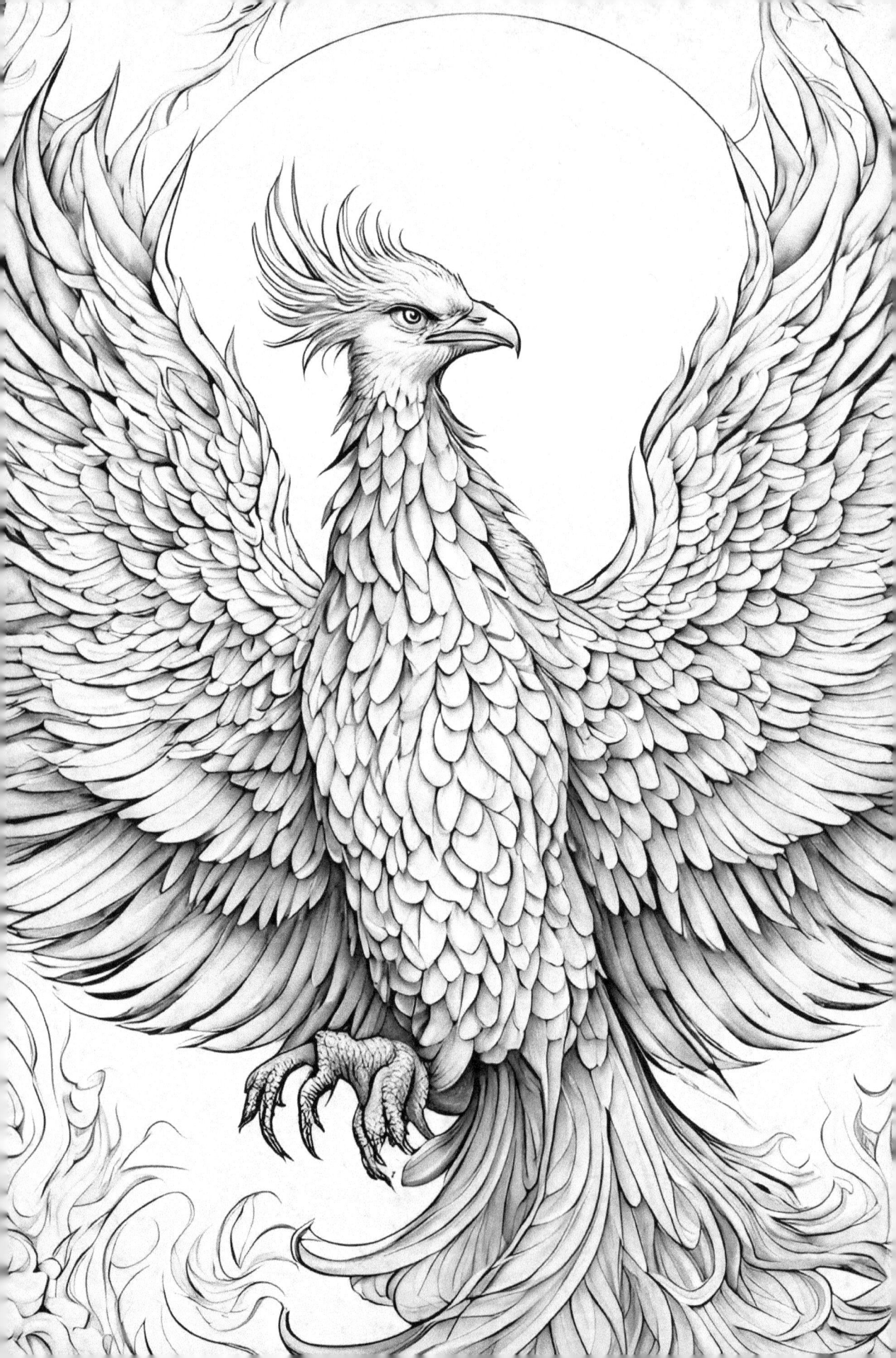

© André Bandeira, 2024
todos os direitos reservados.

Nenhuma parte desta publicação pode ser reproduzida, distribuída ou transmitida de nenhuma forma ou por nenhum meio, incluindo fotocópia, gravação ou outros métodos eletrônicos ou mecânicos, sem a permissão prévia por escrito do autor, exceto no caso de breves citações incorporadas em resenhas e certos outros usos não comerciais permitidos pela lei de direitos autorais. Para solicitações de permissão, entre em contato com: andre.bandeira2025@gmail.com

A reprodução não autorizada deste material é estritamente proibida.

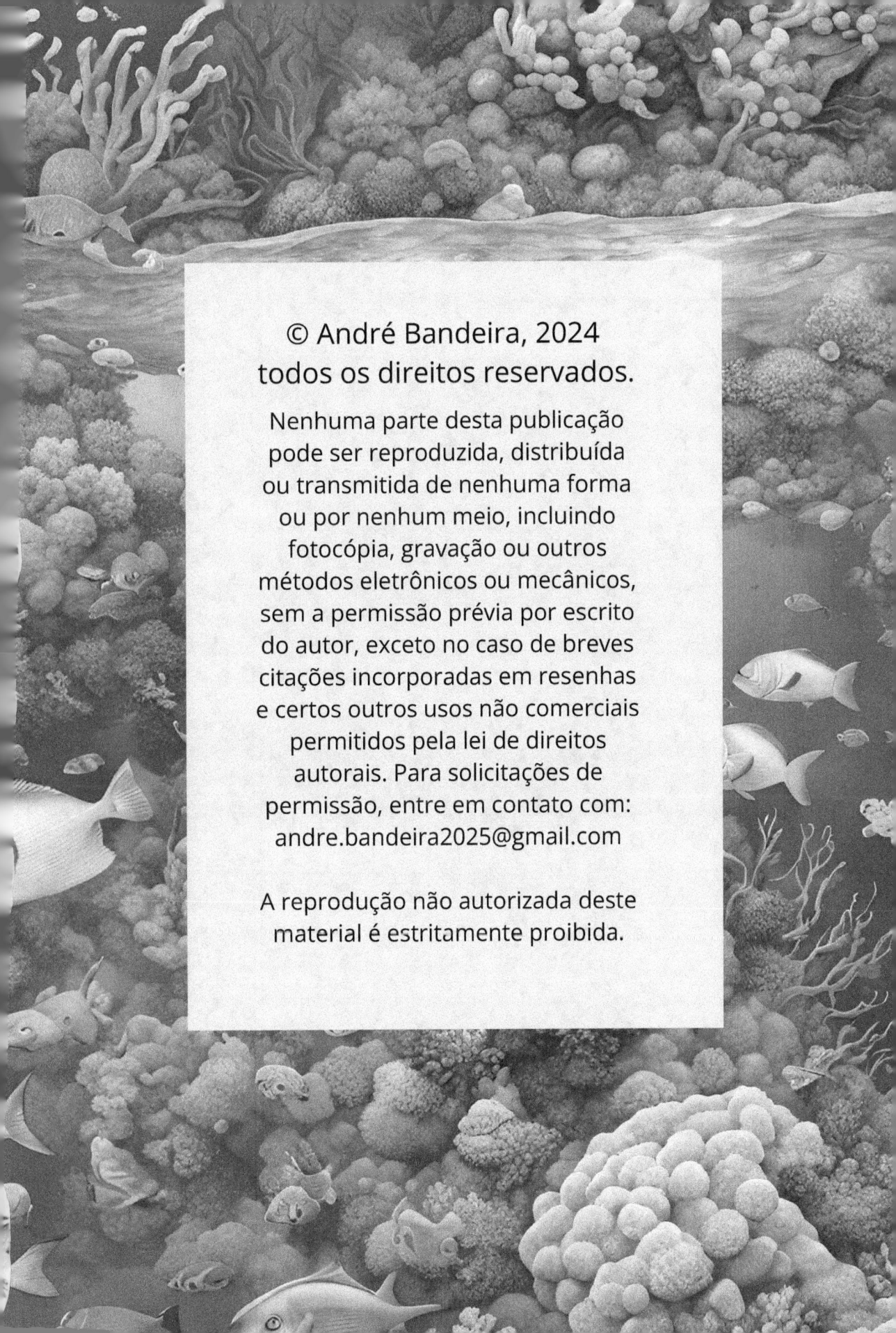

www.ingramcontent.com/pod-product-compliance
Lightning Source LLC
Chambersburg PA
CBHW062114220526
45471CB00010B/3735